KOREAN
DIASPORA

코리안
디아스포라

강태욱 지음

평화누리

차 례

책을 펴내면서

올해는 광복 80주년, 한일 수교 60주년의 해가 된다. 이에 필자는 이 같은 의미 있는 해에 나름 무언가를 해 보아야겠다는 생각을 연초에 가지게 되었다. 한 달 정도 이 저 구상해 보았던 것을 설을 지나고서부터 '코리안 디아스포라'라는 제목으로 한 권의 책을 쓰기로 했다.

구한말 무렵에서 1894년 동학농민혁명, 청일전쟁에 이어 20세기에 들어서는 러일전쟁. 그 결과로 을사늑약에 한일병합으로 인해 일제강점기를 겪은 우리네 강토와 민족이다.

1945년 해방과 분단에 그리고 6.25 전쟁으로 인해 한반도는 말 그대로 초토화되고, 휴전협정이 곧 분단의 고착화의 길로 들어서게 되었다. 이 같은 굴곡진 한 세기를 거쳐오는 동안 우리 민족은 이 땅에서 삶의 어려움을 벗어나고자 대대로 살아온 조국을 떠날 수밖에 없었다. 그 결과 지금과 같은 '코리안 디아스포라'가 생겨났다.

중국 조선족, 러시아 중앙아시아 고려인, 재일 조선인, 하와이 한인, 멕시코 쿠바 한인, 남양군도 한인, 독일 광부와 간호사 그리고 해외 한인 입양인들이 디아스포라인 그들이다.

한 세기 반 전부터 이 땅은 인접한 중국, 러시아, 일본 그리고 태평양 건너 미국까지 그들 국가의 정치적 경제적 이해관계로 잠잠할 시기가 없었다. 오늘날까지도 이 같은 주변 4강에 둘러싸여 나라의 안녕을 염두에 두어야 하는 게 숙명처럼 되었다.

한인 해외 이주 관련한 기존 서적들은 접해보면 대다수가 어느 특정한 국가에 관한 한인들 이주를 다루고 있다. 저자가 주로 전문 연구사, 역사학자, 교수들이다 보니 내용을 읽어가다 보면 전문 용어나 학술적 문구들이 자주 나와 일반 독자가 읽고 소화하기엔 조금 부담스러운 게 사실이다. 더하여 책의 분량도 일반 서적을 넘어서는 경우가 많다 보니 독자들로부터의 가독성뿐만 아니라 접근성마저도 떨어진다고 본다.

이에 필자는 상기 중국 조선족에서 해외 한인 입양인까지 8개 소분야로 하여 한 권의 책에 담고서 일반인들도 쉬이 접하도록 구상했다. 글 구성을 시작하여 6개월여 만에 탈고를 하였다. 8개 소분야별 관련 기존 서적과 학술서, 자료 등을 참고하여 재구성하는 데도 그렇게 간단한 글 작업은 아니었다.

필자로서 가능하다면 본 책이 일본, 러시아, 미주, 유럽 등에서 번역이 되어 출판되었으면 하는 바람이 있다. 근년에 들어 한국이라는 나라에 관심이 있으며 한류에 호응하는 외국 청장년들이 번역서를 읽고서 대한민국 근현대사의 흐름을 알고 그 뒤에 서려져 있는 우리 민족의 그림자도 알 수 있었으면 해서이다.

이러한 의미를 두고서 이 책을 펴낸 것으로 필자는 올 한 해를 지내며 작은 소임을 했다고 내 나름으로 위안을 해 본다.

2025년 가을에 들어서며
강태욱

중국 조선족

글을 들어가기 전, 우선 '조선족'이란 호칭을 '조선 민족'의 약칭 정도로 이해하는 사람들도 간혹 있으나 이는 잘못된 인식이다. 정확히 말한다면 '조선족'이란 중국 국적을 가진 중국 55개 소수민족의 일원인 조선 민족에 대한 전문 호칭, 즉 국적과 민족 출신을 동시에 표시한 호칭이다. 중화인민공화국 설립과 함께 '조선족'이라는 명칭이 공식화됐다.

이에 따라 조선족은 중국인이라는 국가 정체성과 한민족이라는 문화 정체성, 즉 이중 정체성을 갖게 된 것이다. 중국 공산당 교육체계에서 교육을 받은 조선족은 6.25 전쟁을 항미원조전쟁으로 보는 중국식 사고를 하고 있는 경우가 많으며, 중국의 동북공정에 따라 고구려 역사가 중국 역사라고 생각하는 조선족도 다수인 것으로 알려졌다.

조선족의 성립과 초기 이주

19세기 중엽부터 20세기 초까지, 조선 반도의 동북 지역에서 중국 만주 일대로 이주한 조선인들의 발걸음은 단순한 생계의 문제를 넘어선 역사적 이동이었다. 조선 후기에 접어들며 농촌의 몰락과 조세 부담, 자연재해 등이 겹쳐 많은 농민이 삶의 돌파구를 찾아 북쪽 국경을 넘어갔다. 특히 백두산 주변의 삼림지대는 인삼 채취와 수렵 활동이 가능했던 터라 생계를 유지하기에 적합한 땅으로 여겨졌다.

그러나 이들 이주는 처음부터 환영받지 못했다. 청나라는 백두산 일대를 황실의 발상지로 간주하며 일반인의 출입을 제한했고, 조선 또한 월경을 엄격히 금지했다. 그럼에도 불구하고 조선인들의 유입은 끊이지 않았고, 시간이 흐르며 만주 일대에 자연스럽게 조선인 공동체가 형성되기 시작했다.

19세기 후반에 접어들며 상황은 바뀌었다. 청나라는 러시아의 남하에 대응하기 위해 국경 지역의 개발을 추진했고, 이에 따라 조선인의 이주를 제한적으로 허용하게 된다. 연변을 비롯한 동북 3성 일대에는 조선인들이 정착해 농토를 일구고 마을을 세우며 하나의 집단으로 자리 잡아 갔다. 특히 벼농사에 능했던 조선인들은 당시 옥수수 중심의 만주 농업에 변화를 불러왔다. 연해주와 요하 지역까지 벼농사가 확산한 것도 조선인 농민들의 노력 덕분이었다.

20세기 초 일제의 조선 식민지화 이후에는, 보다 체계적이고 대규모의 이주가 발생했다. 일제는 자국의 대륙 침략 계획에 따라 조선인 농민을 조직적으로 만주로 이주시켰고, 일부는 강제 동원되기도 했다. 특히 1930년대 후반에는 매년 수만 명 규모의 이주가 이루어졌으며, 이들은 연변과 간도 지역에 정착해 일제 식민체제에 편입되었다. 그러나 동시에 항일 유격대와 독립운동에 참여하는 이들도 다수였다.

이처럼 초기의 조선인 이주는 자연스러운 생존 전략으로 시작되었지만, 이후에는 식민지와 제국주의, 냉전의 격랑 속에서 점점 복잡한 정치적 의미를 지닌 흐름으로 바뀌었다. 1945년 이전까지 이들은 중국 내에서 법적으로는 '외국인' 신분이었으나, 해방 이후 중국 공산당의 주도 아래 농지개혁과 정치 참여를 통해 새로운 정체성을 획득하게 된다. 바로 이 시기부터 '조선족'이라는 공식 명칭이 등장하고, 하나의 소수민족으로서 중국 내에 자리를 잡기 시작했다.

항일운동과 조선족의 민족정신

20세기 초, 만주는 단순한 이주의 종착지가 아니라 조선인의 독립운동이 뿌리내린 중요한 무대였다. 조선이 일제에 병합된 1910년 이후 수많은 애국지사와 유민들이 만주로 향했다. 그들은 이 낯선 땅에서 새로운 공동체를 조직하고, 무장 항일의 근거지를 마련했다.

1919년 3·1운동 이후 만주 지역에서도 거센 항일시위가 일었다. 특히 용정을 중심으로 한 '3.13 항일시위'는 조선인의 민족적 열망이 국경을 넘어 어떻게 표출되었는지를 보여주는 상징적 사건이었다. 이러한 시위는 단지 저항의 표현이 아니라, 독립을 위한 실질적인 무장 투쟁으로 이어졌다.

연변과 남만주 일대에는 다양한 독립운동 단체가 조직되었다. 북로군정서, 서로군정서, 대한독립군, 군무도독부, 대한광복단 등은 무장 전투를 주도했으며, 이들 조직은 봉오동 전투(1920)와 청산리 전투(1920)에서 일본군에게 큰 타격을 입히며 조선인의 항거 의지를 널리 알렸다.

일제는 이러한 조선인의 저항에 따른 보복으로 '경신참변'이라 불리는 대규모 학살을 자행했다. 1920년 10월, 약 3만 명의 조선인이 일본군에 의해 무차별 학살당한 이 사건은 조선인 사회에 깊은 상흔을 남겼다. 그러나 이러한 위협 속에서도 독립운동은 꺾이지 않았다.

1920년대 중반부터는, 보다 조직적이고 이념적인 기반 위에서 항일운동이 재편되었다. 남만주에서는 정의부와 참의부, 북만주에서는 신민부가 설립되었고, 이들은 1929년 국민부로 통합되며 조선혁명군을 조직하였다. 이 군은 이후 중국 의용군과 연합하여 항일전을 지속했다.

한편, 중국 공산당과 연계한 조선인 유격대 활동도 활발했다. 1930년대 동북항일연군의 2군은 조선인 중심으로 구성되었고, 이들은 1940년대 초까지 소련으로 이동해 정보 수집과 기지 습격 등 소규모 전투를 이어갔다.

연변 지역 통계에 따르면, 항일투쟁으로 순국한 열사 3,125명 중 약 97%인 3,026명이 조선족이었다. 이는 단순한 숫자를 넘어, 조선족이 이 땅에서 얼마나 치열하게 민족의 운명을 걸고 싸웠는지를 보여준다.

조선족에게 항일운동은 단지 정치적 저항이 아니라, 그들 자신의 존재 이유를 증명하는 과정이었다. 이 땅에서 그들은 조선인에서 조선족으로, 유민에서 공동체의 구성원으로, 독립운동가에서 새로운 정체성의 주체로 거듭나게 되었다.

필자의 아버지는 8남매 중 셋째이다. 그중 장남 즉 내게는 큰아버지 되시는 분이(얼굴을 모름) 일제 말에 가족과 함께 푸른 꿈을 안고 서부 경남에서 만주로 올라갔다. 그곳에서 작게나마 농사도 짓고 중개

상업활동 즉 거간꾼 노릇도 하였다. 이런 일로 술이 부쩍 늘면서 결국 한겨울 소위 고량주를 많이 마시고 귀갓길에 눈밭에 쓰러져 동사하였 다고 한다. 큰어머니는 현지서 삶을 끌어가기 불가능하여 어린 사촌 형과 누나를 데리고 해방되던 해 봄에 다시금 서부 경남 시댁으로 들 어와 평생을 살았다고 한다.

국공내전과 한국전쟁 시기, 조선족의 참여

1945년 해방 이후부터 중화인민공화국 수립(1949년 10월)까지, 중 국 대륙은 공산당과 국민당 간의 치열한 내전에 휘말렸다. 이 격동의 시기 속에서 조선족은 단순한 방관자가 아니라, 역사 한복판에서 중요 한 역할을 하게 된다.

당시 중국 공산당은 동북 지역에서 세력을 확장하고자 했고, 이 지 역에 거주하던 조선족들은 자발적으로 이 대열에 동참하였다. 이들의 참여는 수치로도 명확히 드러난다. 조선족은 전체 공산당 군대 병력 의 약 15%를 차지했을 만큼 비중 있는 전력이었다. 이는 단순한 수적 기여를 넘어, 조선족 공동체가 중국 공산당에 대한 지지를 적극적으로 실천했음을 보여준다.

해방 이후 동북 지역에서는 공산당의 통제를 방해하는 무장세력, 이 른바 '토비'들이 곳곳에서 출몰하고 있었다. 이들은 국민당과 연결된 지하조직이나 반공산당 성향의 잔당으로, 치안 불안과 정치 혼란을 유 발했다. 이러한 토비를 제거하고 공산당의 기반을 강화하는 과정에서 조선족은 선봉에 섰다. 북만주, 남만주, 연변지구의 조선족 청년들이 조직적으로 무장하여 토비 토벌에 기여했고, 이는 곧 공산당의 동북 지역 근거지 확립에 결정적인 역할을 했다.

1946년, 정치 협상이 결렬되면서 전면적인 국공 내전이 시작되었고, 조선족 청장년 약 6만 5천여 명이 이 전쟁에 참전했다. 전체 조선족 인구가 당시 110여만 명에 불과했다는 점을 고려하면, 이는 공동체 전체가 전쟁에 총동원된 수준이었다.

흥미로운 사실은, 이 내전에서 활약한 조선족 병력 중 일부가 중국 내전 종결 이후 북한으로 이동하여 조선인민군에 편입되었다는 점이다. 조선인으로 구성된 3개 사단과 1개 여단은 1949년 말과 1950년 초 사이에 북한 측에 인계되어, 이후 한국전쟁 초기 인민군의 핵심 전력으로 활약하게 된다. 이는 중국 내 조선족과 한반도 간의 인적 연결이 당대에 얼마나 긴밀했는지를 보여주는 사례다.

1950년 6월, 한반도에서 전쟁이 발발하고, 미군과 유엔군이 압록강까지 진격해 오자 중국 정부는 개입을 결단한다. 그해 10월, 팽덕회를 총사령관으로 한 '중국 인민지원군'이 편성되고, 지원군은 정규군이 아닌 '자원 병력' 형식으로 북한에 진입했다.

이 시기 조선족도 '인민지원군'의 일부로 편입되어 참전하였다. 같은 민족이면서 서로 다른 국가 체제 속에 편입된 조선족은 조선인민군과 함께 싸우기도 했고, 어떤 경우에는 한국군과 총부리를 맞대야 했던 복잡하고 비극적인 상황에 놓이게 되었다. 이는 조선족 정체성의 이중성과 고통을 상징하는 역사적 사건이기도 하다.

통계에 따르면, 한국전쟁, 즉 중국의 표현으로는 '항미원조전쟁'에 참전한 조선족은 약 2만 명에 달한다. 이들은 조국을 위해서라기보다는, 공산당과 중화인민공화국의 국민으로서 국가의 부름에 응한 것이다.

이 시기는 조선족에게 있어 커다란 전환점이었다. 해방 이후 자신들이 어디에 속해야 할지를 고민하던 그들에게, 조선족이라는 정체성은 이제 '중국의 조선계 국민'으로서 점차 자리를 잡아가기 시작한 시기이기도 했다. 국공내전과 한국전쟁을 거치며 조선족은 더 이상 외부에서 온 '거류민'이 아닌, 중국이라는 국가 체제 속에서 공인된 민족 집단으로 편입되기 시작했다. 피와 땀으로 얻어진 이 자리는 이후 자치주 성립과 정치 참여라는 열매로 이어지게 된다.

자치주의 성립과 문화·교육 정책

1949년 10월 1일, 중화인민공화국이 공식적으로 건국되면서 조선족은 역사상 처음으로 '국가의 주인' 중 하나로 편입될 기회를 맞이했다. 그동안 '외국 거류민' 또는 주변 민족으로 분류되었던 조선족은 이 시기를 기점으로 명확한 법적 지위와 정치적 권리를 갖게 되었고, 이러한 전환은 이후 자치주의 설립이라는 제도적 결실로 이어진다.

이 같은 변화의 핵심 인물 중 하나는 주덕해였다. 그는 해방 이후 연변 지역의 최고 지도자로 활동하며, 북경에서 열린 제1차 중국인민정치협상회의에 조선족 대표로 참석했다. 이 회의는 조선족에게 정치적 참여를 보장한 최초의 장이었으며, 그 결과 조선족은 단지 '소수민족'의 지위를 넘어 국가의 구성원으로서 당당히 인민 정치에 참여할 수 있는 권리를 얻었다.

그리하여 1952년, 연변 조선족자치주가 공식적으로 성립되었다. 이는 중국 내 55개 소수민족 가운데 조선족이 처음으로 자체 자치주를 구성한 것이며, 해당 조치에는 명백한 상징성과 제도적 의미가 담겨 있었다. 이후 1954년에는 헌법의 개정과 함께 '연변 조선족자치주'라 는 명칭이 헌법상 공식적으로 규정되었다.

자치주 성립 당시 포함된 행정 구역은 연길시, 화룡현, 왕청현, 훈춘 현, 안도현 등이며, 인구는 총 85만 4천여 명으로, 이 중 62%인 약 53 만 명이 조선족이었다. 이후 행정 구역 개편을 거치면서 현재는 6개 시와 2개 현으로 구성되며, 다양한 민족이 함께 거주하고 있지만, 조 선족은 여전히 전체 인구의 약 40%를 차지하고 있다(2000년 기준 약 82만 명). 자치주의 면적은 길림성 동부에 위치하며, 대만 면적의 약 1.2배에 달하는 넓은 지역이다.

자치주 설립과 함께 조선족 사회는 다방면에 획기적인 발전을 이루 었다. 이 시기를 상징하는 세 가지 핵심 변화는 다음과 같다.

첫째, 조선어의 공식 언어화이다.

자치주 내에서는 조선어가 제1 언어로 지정되었고, 공공기관, 학교, 문화 행사, 회의 등에서 조선어와 한어(중국어)가 병용되었다. 이는 단순한 언어 사용의 문제가 아니라, 민족 정체성과 문화 보존의 토대 가 되었으며, 조선족이 중국 내에서도 자국어를 사용할 수 있는 보기 드문 사례로 평가된다.

둘째, 정치적 참여 확대와 조선족 간부의 대거 등용이다.

1950년대 이후 자치주 인민 대표대회와 행정기관의 구성원 중 상당 수가 조선족으로 채워졌다. 제9기 인민 대표대회 기준으로 상무위원회 주임과 부주임 9명 중 5명, 상무위원 34명 중 22명이 조선족이었고, 주 정부 주요 간부들 역시 절반 이상이 조선족이었다. 이러한 권력 분점은 조선족이 단순한 문화 집단을 넘어 정치적 실체로서 자립할 수 있는 계기를 마련해주었다.

셋째, 중앙정부 및 성 정부 차원의 전폭적 지원이다.

연변 자치주 설립 이후, 길림성과 국무원은 인적·물적 자원을 적극적으로 지원했다. 특히 외화 수입금 전액을 자치주로 환류시킨 조치는 조선족의 자치 발전에 큰 동력이 되었다. 기반 시설로는 도문-훈춘 간 도로 건설, 병원과 학교 건립, 방송국 및 출판 시설 설립 등이 있었고, 이 모든 것이 조선족 문화의 보존과 지역 사회 발전을 뒷받침했다.

문화와 예술 분야의 성장도 눈에 띄었다. 연변문화예술연합회가 조직되어 민족 예술의 계승과 창작을 지원하였고, 연변대학교와 같은 고등교육 기관이 설립되어 조선족 인재 양성의 중심지가 되었다. 조선족 언론, 출판, 방송 시스템도 활발히 가동되면서, 자치주 전체가 하나의 민족문화 공동체로 정착하는 데 중요한 역할을 수행하였다.

또한 스포츠와 체육 활동도 활발했다. 조선족 출신 체육인들이 국가대표로 활약하기도 하였고, 체육을 통한 민족 자긍심 고취도 주요한 정책 기조로 자리 잡았다.

이렇듯 연변 조선족자치주는 중화인민공화국의 소수민족 자치 정책이 실질적 효과를 거둔 대표적인 사례로 평가된다. 조선족은 이 시기를 통해 민족 교육, 언어, 문화, 정치 등에서 자율성과 자긍심을 갖게 되었고, 자치주라는 틀 안에서 민족 공동체의 미래를 능동적으로 설계할 수 있게 되었다.

하지만 이 평화와 번영의 시기는 그리 길지 않았다. 1966년 시작된 문화대혁명은 조선족에게도 엄청난 시련의 시대를 예고하고 있었다. 자치의 기반 위에 세워진 모든 성과가, 정치적 격랑 속에서 흔들리게 될 시간이었다.

문화대혁명의 시련

연변 조선족자치주가 제도적으로 안정되고, 민족문화와 교육이 자리를 잡아가던 1950~60년대. 조선족 사회는 중국 내 소수민족 가운데에서도 가장 높은 문해율과 교육 수준을 자랑하며, 문화적 자부심 또한 고조되었다. 그러나 1966년부터 시작된 문화대혁명은 이러한 긍정적 흐름을 송두리째 뒤흔들었다.

마오쩌둥 주석이 주도한 이 대대적인 정치 운동은 '계급투쟁'을 강조하며 기존의 질서를 부정했고, 그 과정에서 조선족 사회 역시 깊은 상처를 입게 된다. 이 시기는 연변 조선족에게 있어 단순한 정치 소요가 아니라, 공동체 전체를 뿌리부터 뒤흔든 역사적 재난으로 기억된다.

초기: 낡은 것을 타파하라 – 교육과 문화의 붕괴

문화대혁명의 첫 물결은 1966년 여름, 전국적인 '4대 낡은 것 타파 운동'으로 시작되었다. 이 운동은 '낡은 사상, 낡은 문화, 낡은 풍속, 낡은 관습'을 청산한다는 명목으로 전개되었고, 연변 지역의 조선족 학교, 문예 단체, 종교시설, 도서관 등이 주요 목표가 되었다.

연길시와 주요 도시에 위치한 학교들은 수업을 중단하고, 학생들은 '홍위병'으로 변신하여 교사와 지식인을 '우파'로 몰아 공격하였다. 수십 년간 쌓아온 민족 교육의 기반이 무너지기 시작했고, 전통과 민족성을 보존하던 제도들은 하나씩 해체되었다.

조선어 출판물과 문서, 민속 공연, 유서 깊은 학교와 교회 등은 '봉건 잔재' 또는 '반혁명적 유산'으로 몰려 파괴되거나 폐쇄되었다. 오랜시간 민족 정체성을 지탱해 온 문화 기반이 전면적으로 붕괴되는 순간이었다.

군사 통제와 정치 탄압: 주덕해의 실각과 피의 숙청

문화대혁명이 격화되면서 1967년부터 연변 지역은 군사 통제하에 놓이게 되었다. 당시 하얼빈에서 온 홍위병 계열의 급진 세력은, 마오쩌둥의 조카인 모원신의 지시에 따라 연변에 진입하여 문화대혁명의 '지도'를 자처했다. 그들은 연변 조선족자치주 초대 주장인 주덕해를 '반혁명 수정주의자'로 지목하며, 그를 몰아내기 위한 정치투쟁을 전개했다.

이에 맞서 연변 노동자들과 조선족 간부 일부는 주덕해를 보호하려는 세력을 결성했다. '좋은 간부 주덕해를 지키자.'는 구호 아래 대립 세력 간 갈등은 격화되었고, 결국 일부 지역에서는 실탄이 오가는 무력 충돌로까지 번졌다. 총격전과 유혈 사태가 빈번하게 벌어졌고, 수백 명의 조선족 주민이 희생되었다.

1968년 8월, 연변 조선족자치주에 혁명위원회가 수립되며 기존의 정치 구조는 완전히 해체되었다. 이어서 '계급대오 정리운동'이라는 이름 아래, 수천 명의 조선족 간부·지식인들이 '계급의 적'으로 몰려 숙청되었다. 감금, 고문, 공개 비판회, 자살 강요 등이 이어졌으며, 일부는 끝내 생명을 잃었다.

연변 지역에서만 약 2,000명이 넘는 조선족이 직접적인 정치적 피해를 입었다는 통계는 이 시기의 참상을 단적으로 보여준다.

경제와 교육의 붕괴: 공동체 전체가 흔들리다

정치적 박해만이 문제가 아니었다. 문화대혁명은 조선족의 생활 전반에 걸쳐 파괴적 영향을 미쳤다. 농업 생산과 산업 활동은 마비되었고, 문화예술 활동은 완전히 중단되었다. 조선족 사회의 정체성을 지탱해 주던 학교, 출판사, 방송국은 모두 '혁명화'라는 이름 아래 기능을 잃었다.

10년의 대동란이 끝났을 무렵, 조선족자치주 경제는 거의 붕괴 직전 상태에 이르렀다. 통계에 따르면, 이 기간 연변의 농공업 총생산액은 연평균 5.5%씩 하락했으며, 민족 교육과 문화는 거의 회복 불가능한 수준으로 파괴되었다.

조선어 교육은 극단적으로 위축되었고, 민족 간부의 수는 급감했다. 심지어 조선족이라는 정체성을 부끄럽게 여기는 분위기까지 형성되었으며, 일부 젊은 세대는 아예 민족성을 포기하려는 태도를 보이기 시작했다.

문화대혁명은 조선족 공동체에 단순한 '운동'이 아니라, 민족적 기억에 깊은 상처를 남긴 파괴의 시기였다. 정체성의 근간을 이루던 언어와 문화, 교육, 정치 기반이 무너지고, 공동체 구성원은 집단적으로 상처를 입었다.

그러나 이 암흑의 시기를 지나면서 조선족은 다시금 정체성을 되살릴 기회를 모색하게 된다. 1978년 개혁개방 이후, 연변은 또 다른 변곡점을 맞이하게 된다. 이다음 단계는 조선족 공동체의 재편성과 유동성의 시대였다.

개혁개방 이후의 변화 및 이동 (1978년~1990년대)

도시화와 시장경제 - 새로운 삶의 조건

덩샤오핑의 개혁개방 정책은 조선족 사회에도 커다란 전환점을 가져왔다. 농업 중심의 폐쇄적 경제에서 벗어나 시장경제에 적응해야 했고, 국유기업 개편과 민간경제 활성화에 따라 조선족도 본격적인 경제 활동에 참여하게 되었다.

많은 조선족 청년들은 농촌을 떠나 연길, 도문, 심양, 하얼빈을 넘어 베이징, 상하이, 광저우 같은 대도시로 이동했고, 이로 인해 전통적 공동체의 결속력은 약화되었다.

'한국행 급증' - 대규모 이동의 시대

1992년 한중 수교 이후, 조선족의 한국 이주는 급속도로 증가했다. 언어와 문화의 공통성, 정서적 유대감은 한국에 대한 친근감을 높였고, 경제적 격차와 취업 기회는 이주를 더욱 부추겼다.

1990년대 중반부터 시작된 한국행은 2000년대 초에 정점을 찍었고, 약 80만 명, 전체 조선족 인구의 40%가 한국에 장기 체류한 것으로 추정된다. 이들은 단순 취업을 넘어 가족 동반 이주, 출산, 귀화 등 다양한 방식으로 한국 사회에 정착했으며, 일부는 다시 연변으로 돌아가거나 양국 간을 오가는 순환 이주를 선택했다.

조선족 인구와 유동 현황

조선족은 중국 내 55개 소수민족 중 하나로, 오랜 시간 동안 중국 동북 지역을 중심으로 정착해 살아왔다. 그러나 최근 수십 년간 조선족의 인구는 점차 줄어들고 있으며, 이들의 국내외 유동도 활발해지고 있다. 특히 한국으로의 이주가 본격화되면서, 현재는 한국 내 거주 조선족 인구가 중국 내 최대 조선족 자치주인 연변 지역의 조선족 인구를 넘어선 상태다.

중국 정부가 발표한 '2020년 인구 총조사'에 따르면, 중국 내 조선족 인구는 약 170만 명으로, 2000년(약 192만 명)에 비해 약 22만 명이 감소했다. 조선족 인구는 1953년 112만 명에서 꾸준히 증가하여 2000년 정점에 이르렀지만, 이후부터는 감소세로 전환되었다.

연도별중국 조선족 인구

연도	인구수 (명)	비고
1953	1,120,405	제1차 인구 조사
1964	1,339,569	제2차 인구 조사
1982	1,765,204	제3차 인구 조사
1990	1,920,597	제4차 인구 조사
2000	1,923,842	제5차 인구 조사 (정점)
2010	1,830,929	제6차 인구 조사
2020	1,702,479	제7차 인구 조사

출처 : 〈연합뉴스〉 주요 인구 조사 연도별 조선족 인구 수치:

이중언어와 문화 융합 - 새로운 정체성의 실험

도시화와 국제이주는 조선족의 언어 사용과 문화에도 깊은 변화를 가져왔다. 과거에는 조선어를 모어로 사용하며 민족 교육체계를 유지했지만, 도시로의 이동과 현실적 필요로 인해 한족 학교 진학이 늘어나면서 젊은 세대는 중국어에 더 익숙해졌다. 조선어를 전혀 읽거나 쓰지 못하는 경우도 생기며, 민족어 단절 문제가 대두되었다.

문화적으로도 조선족은 전통과 현대, 중국식과 한국식 문화가 공존하는 혼종성을 갖게 되었다. 설날과 춘절을 함께 기념하고, 한복과 한푸가 어우러지는 민속 행사가 열리는 등, 정체성은 유연하고 다층적으로 변화해 갔다.

가족 구조와 국제결혼-사회적 변화의 신호

청장년층이 도시와 해외로 빠져나가면서 농촌에는 노인과 아이들만 남는 '공백 공동체' 현상이 나타났고, 지역 공동체의 유대감은 약해졌다. 동시에 한국 남성과 조선족 여성 간 국제결혼이 급증했으며, 2005년에는 연간 1만 건을 넘고, 전체 결혼 누적은 20만 건에 달한 것으로 추정된다.

이로 인해 조선족 여성과 자녀들은 이중문화 환경에서 정체성을 새롭게 형성하게 되었으며, 다문화 가정과 관련된 사회적 과제가 등장했다.

언어·문화 정체성의 위기와 재구성

조선족 사회는 한때 중국 내에서도 독자적인 언어와 문화를 보존한 대표적인 소수민족 공동체로 평가받았다. 특히 개혁개방 이전까지만 해도, 동북 3성을 중심으로 조선어(한국어) 교육과 출판, 방송, 언론

시스템이 촘촘하게 구축되어 있었다. 그러나 도시화, 시장화, 이농 현상, 대외 이동 등 급변하는 사회 환경 속에서 조선족의 언어와 문화 정체성은 심각한 위기를 맞이하게 된다.

조선어 교육의 쇠퇴: 민족어의 흔들리는 기반

과거 연변을 비롯한 동북 지역에는 조선어로 수업하는 초·중등 학교가 널리 퍼져 있었고, 이는 조선족 정체성의 핵심 기반이자 일상생활의 중심축이었다. 하지만 농촌 인구 감소와 도시 집중화로 인해 학생 수가 급감하면서 수많은 조선족 학교가 문을 닫게 되었다. 부모들은 자녀의 사회 경쟁력 확보를 위해 조선어 대신 중국어 중심의 교육을 선호하게 되었고, 조선족 자녀들의 모국어 능력은 점차 약화되었다.

오늘날 많은 조선족 청소년은 조선어로 일상 대화는 가능하지만, 글쓰기나 고급 독해에는 익숙하지 않다. 일부 도심 지역에서는 아예 조선어를 전혀 사용하지 못하는 청소년도 나타났고, 특히 베이징이나 상하이 등 대도시에서는 조선어를 전혀 배우지 못한 조선족 2세·3세가 늘어나고 있다.

민족 교육의 통폐합과 공공 표기의 변화

조선족 학교가 폐교되거나 한족 학교에 통합되는 사례가 늘어나면서, 조선어 수업은 대부분 '선택 과목' 수준으로 전락하고 말았다. 심지어 연변 조선족자치주조차 최근에는 공공 표기에서 중국어 우선 원칙을 채택하여, 공공기관 간판이나 표지판에서 한글 표기가 축소되거나 사라지는 현상까지 나타났다. 이는 조선어가 단지 교육 언어의 문제가 아니라, 조선족 정체성의 상징이자 문화적 존립 기반이라는 점에서 심각한 문화적 경고음을 울리고 있다.

언어는 곧 정체성: 위기의 본질

언어는 단순한 소통 수단을 넘어, 민족의 기억과 감정, 문화가 내재된 집합적 자산이다. 조선어의 약화는 곧 조선족의 문화적 뿌리와 자긍심의 약화로 이어진다. 언어를 잃는다는 것은, 공동체가 자신의 역사와 존재 이유를 설명할 수 있는 수단을 상실한다는 것이며, 그만큼 정체성의 기반이 허물어지는 일이다.

실제로 연변 조선족자치주를 포함한 조선족 밀집 지역의 학교 수는 최근 10년간 약 40% 가까이 감소했다. 이는 단순히 시설의 감소를 넘어, 공동체 유지력과 민족문화의 지속 가능성에 큰 위협으로 작용하고 있다.

새로운 시도: 교육과 문화의 재생을 위한 노력

이러한 위기 속에서도 조선족 내부에서는 정체성을 지키기 위한 다양한 움직임이 나타나고 있다. 예를 들어, 베이징에서 활동 중인 조선족 출신 정신철 교수는 '정음우리말학교'를 운영하며 조선어 교육의 불씨를 되살리고 있다. 그는 언어를 "민족의 영혼이 담긴 문화유산"이라고 강조하며, 어린이와 청소년을 대상으로 조선어 수업, 전통 동요, 민속놀이 등을 가르치고 있다.

이 외에도 조선족 문학회, 청년 커뮤니티, 유튜브 및 SNS 기반의 콘텐츠 제작자들 역시 디지털 공간에서 조선족 문화를 되살리려는 시도를 지속하고 있다. 전통적인 방식은 약화되었지만, 새로운 기술과 매체를 활용한 문화 재구성의 흐름은 또 하나의 가능성을 보여준다.

동북공정과 역사 기억 논쟁

동북공정은 2002년부터 중국이 추진한 역사 재편 프로젝트로, 고구려·발해 등의 고대 한민족사를 중국사로 편입하려는 시도였다. 이는 단순한 학술 연구가 아닌, 국가 정체성과 역사 주권을 둘러싼 정치적 행위였다.

조선족, 역사 논쟁의 경계에 서다

조선족은 문화적으로는 한국과 연결돼 있지만, 정치적으로는 중국 국적의 소수민족이다. 이들은 고구려 유적이 많은 연변 등지에서 이를 민족의 자랑으로 여겨왔지만, 동북공정 이후 중국 정부는 이를 '중국 소수민족 문화'로 재해석했고, 교육 현장에서도 조선족 학생들이 이를 중국사의 일부로 배우게 되었다.

한국의 반발과 조선족의 딜레마

한국은 동북공정을 역사 왜곡으로 규정하고 강하게 반발했으며, 이에 따라 조선족 사회는 민족 정체성과 정치 현실 사이의 갈등에 놓이게 됐다. 일부 조선족 지식인은 민족적 뿌리를 강조했지만, 다른 일부는 중국 사회 내 생존을 위해 중화민족 정체성 수용을 주장했다.

연변의 역사 재해석

연변 내 박물관·문화시설에서는 '조선족의 선조'라는 표현이 사라지고, 고구려 유적이 '중국 고대 소수민족 유산'으로 소개되기 시작했다. 이는 조선족 정체성의 방향성과 관련된 문화적 전환점이었다.

기억의 정치와 정체성 재구성

중국의 역사 편입은 조선족에게 과거를 재해석하라는 무언의 요구였다. 그러나 일부 조선족은 SNS·민간단체를 통해 자신만의 역사 기억을 되살리려는 시도를 이어가고 있다. 이는 집단적 저항보다는, 일상 속에서 정체성을 재구성하려는 문화적 실천으로 볼 수 있다.

현대 조선족의 유동적 정체성과 미래

디아스포라에서 초국적 시민으로

1990년대 이후 80만 명 이상의 조선족이 한국으로 이주했고, 중국 내에서도 대도시로 이동하며 조선족은 디아스포라 민족으로 재편되었다. 이들은 단순한 이주민이 아니라 양국을 오가며 살아가는 초국적 시민으로, 가족·교육·경제 구조도 복합적 양상을 보인다.

청년 세대와 새로운 정체성 감각

2000년대 이후 청년 조선족은 전통 민족의식보다는 개인 정체성과 글로벌 문화를 더 중시한다. 조선어 사용은 줄었지만, 유튜브·틱톡 등 온라인 공간에서 혼종적 문화 정체성을 창조하며 새로운 '조선족다움'을 실험하고 있다.

삼중적 정체성과 삶의 경계 넘기

현대 조선족은 중국 시민이자 조선족이며, 동시에 한국계 문화도 향유하는 삼중적 정체성을 지닌다. 중국에 동화되거나, 한국적 민족성을 강조하거나, 국적·언어·문화를 넘나드는 융합적 존재로 살아간다.

미래를 위한 선택

조선족의 미래는 제도, 문화, 세대 간 전승, 국제 정세 등에 따라 다양하게 전개될 것이다. 중요한 것은 고정된 민족 범주가 아니라, 변화 속에서도 자기 정체성을 유연하게 구성해 갈 수 있는 문화적 상상력과 제도적 기반이다.

이미 조선족은 세계 곳곳에서 다양한 모습으로 살아가고 있다. 다양성과 유동성 속에서 새로운 연결의 기억과 언어를 어떻게 공유할 것인가, 그것이 조선족 미래의 핵심 과제다.

다음은 구독자 112만 명의 유명 유튜버 '희철리즘'이 25년도 봄에 연변을 처음 방문하고 올린 동영상에서 주요한 부문을 글로 구성하여 소개한다.

저는 이번에 중국 연변을 처음 방문하게 되었습니다. 한국과 북한을 나누는 기준에 익숙한 우리 세대에게 연변에 사는 조선족들은 그 경계가 애매하게 느껴집니다. 그곳 사람들에게 한국과 북한은 그렇게 뚜렷하게 구분되는 개념이 아니에요. 그들은 '조선'이라는 큰 틀 안에서 자신들의 정체성을 정의합니다. 예를 들어, 일본에서 유명한 야쿠자 보스도 자신을 '조선 사람'이라고 했죠. 물론 북한의 교육을 받았기에 스스로는 북한 사람이라고 생각하지만, 그의 어머니는 분단 이전에 일본으로 이주한 조선인이었습니다. 이렇게 분단되기 전의 '조선'이라는 큰 틀에서, 그들의 관점은 한국과 북한을 나누지 않아요.

연변에서 만난 한 선생님과의 대화에서도 비슷한 이야기를 들을 수 있었습니다. 한국에 살던 경험이 있는 그 선생님은 코로나로 인해 한국에서 생활하는 게 더 나은 이유를 말했습니다. 경제적인 측면에서도 월급 차이가 크다고 하죠. 한국에서 벌어온 돈으로 연변에서 장사를 하는 조선족들이 많다고 했습니다. 그들은 한국에 가서 돈을 벌고, 다시 연변에 돌아와 사업을 확장합니다. 그러나 한국 영화에서 자주 나오는 조선족의 이미지—폭력적이고 범죄적인—때문에 그들의 삶은 종종 왜곡되곤 합니다. 영화 속에서 과장된 범죄자 이미지가 나오면 기분이 좋지 않죠. 그러나 영화가 완전히 허구로만 만들어내지는 않습니다. 실제로 강력범죄가 발생하는 이유가 있는 법이니까요. 하지만, 그들이 범죄를 저지르는 것만으로 전체 조선족 사회를 한데 묶는 건 옳지 않습니다.

　　또한, 연변에서 만난 친구들과의 대화에서 그들의 한국어 실력에 놀랐습니다. 친구들은 대부분 한국으로 유학을 가고, 그로 인해 한국어를 잘합니다. 그들은 한국어를 통해 친구들과 소통하고, 한국 문화를 더 깊이 이해하려고 합니다. 이런 모습을 보면, 조선족들의 정체성이 한국과 중국 사이에서 끊임없이 형성되고 변화하는 과정을 엿볼 수 있습니다.

　　연변에서 만난 또 다른 대화의 주제는 윤동주 시인이었습니다. 중국에서는 윤동주를 '중국인'으로 표기한다고 합니다. 이건 중국의 동북공정과 관련이 있습니다. 동북공정은 2002년부터 중국이 자국의 소수민족 역사와 문화를 중국사에 포함시키려는 프로젝

트입니다. 그래서 윤동주 역시 중국인이라고 주장하는 것이죠. 하지만 윤동주는 한국어로 시를 썼고, 일본 제국주의에 저항하며 조선 민족의 상징적인 인물이었습니다. 이런 역사적 맥락을 무시하고 그를 '중국인'으로 간주하는 것은 역사 왜곡에 가깝다고 생각합니다.

중국인들의 입장에서는 윤동주가 중국에서 태어난 조선족이기 때문에 '중국인'이라고 주장할 수 있지만, 윤동주가 활동한 시대적 배경과 그의 정체성은 한국과 밀접하게 연관되어 있습니다. 그가 한국어로 시를 쓰고, 조선 민족으로서 일본에 맞서 싸운 사실을 무시하는 것은 그를 단순히 '중국인'으로 해석할 수 없는 이유입니다. 이처럼 조선족의 정체성은 한국과 중국의 역사적 갈등과 맞물려 있으며, 그들의 뿌리와 문화는 단순히 하나의 국가로 묶을 수 없습니다.

이 대화 속에서 느낀 점은, 조선족들이 한국과 중국 사이에서 겪는 문화적, 정체성의 갈등을 해결하려면 서로에 대한 이해와 존중이 필요하다는 것이었습니다. 때때로 우리는 서로를 이해하지 못하고 차별적인 태도를 보이기도 합니다. 하지만, 이러한 간극을 좁히기 위한 노력이 중요하다고 생각합니다. 조선족들은 한국과 중국의 교차점에서 살아가며 그들의 정체성을 끊임없이 재구성하고 있습니다. 그들의 경험과 이야기를 이해하고, 더 넓은 시각에서 바라볼 때, 우리는 더 나은 상호 이해를 이루어갈 수 있을 것입니다.

만주 벌판에서 우뚝 선 조선족

중국의 별이 된 조선족 장군 조남기(趙南起, 1927년생)

조남기는 1927년 충북 청원 출신으로 독립운동가 집안에서 태어났다. 할아버지는 3.1운동으로 옥고를 치른 애국지사였다. 일제의 탄압을 피해 가족과 함께 1940년 만주의 길림성으로 이주했다.

해방 직후 치안 불안 속에 마을 자위대를 조직했고, 동북만주연군에 식량을 기부하며 공산당과 인연을 맺었다.

1946년 군정 대학을 졸업한 뒤 토지개혁사업에 참여, 연변 지역에서 대규모 토지 분배 업무를 수행했다.

1950년 한국전쟁 발발 후 인민지원군 작전처 참모로 참전, 마오쩌둥 주석의 아들 마오안잉과 같은 숙소를 썼다 마오안잉이 미군 공습으로 사망한 당시 상황을 직접 목격했으며, 이후 전쟁 기간 후방 근무사령부에서 군수 수송을 총괄했다.

당시 박헌영의 초청을 정중히 거절하고, 중국에서의 삶을 선택했다.

1966년 문화대혁명 때 조선족 지도자 주덕해를 보호하려다 실각했고, 정치 재교육과 자녀 양육을 홀로 감당해야 했다. 1972년 저우언라이 총리의 개입으로 정치적으로 복권되었으며, 1976년 4인방 몰락 후 완전히 명예를 회복했다.

1987년 군부 승진을 앞두고 '한국 간첩'이라는 익명의 투서에 시달렸지만, 철저한 조사 끝에 무혐의로 결론 났다. 누명을 벗은 그는 같은 해 총후근부 부장에 공식 임명되며 군의 최고위직 중 하나에 올랐다.

조남기의 일대기는 중국 조선족의 자긍심으로 여겨지며, 2020년대에 전기(『조남기전』)로 출간되었다.

조선족이란 불리한 점을 깨고 중국 공산당 중앙위원에 오른 김진길(金振吉)*

베이징에서 폐막한 중국 공산당 제18기 중앙위원회 제5차 전체 회의(18기 5중전회)에서 '깜짝 스타'가 탄생했다. 이날 회의에서 소수민족인 조선족 출신으로 핸디캡을 깨고 중앙위원에 선출된 김진길(56·중국명 진전지〈金振吉〉) 지린(吉林)성 정법위원회 서기가 주인공이다.

그는 류샤오카이(劉曉凱·53) 구이저우(貴州)성 통일전선부장, 천즈룽(陳志榮·58) 하이난(海南)성 정법위 서기 등 다른 소수민족 출신 후보위원 2명과 함께 위원으로 선출했다.

20살 때 공산당에 입당한 그는 주로 지린성과 연변 자치주에서 활동한 탓에 전국적인 인지도가 떨어졌으나 반부패 사정 드라이브로 중앙위원 절반 정도가 물갈이된 이번 5중전회에서 현 중국 지도부의 개혁을 뒷받침하기 위해 전격 발탁됐다.

김 위원은 지린성 연변사범전문학교를 졸업하고 왕칭현 중평중학교 교사로 사회생활을 시작했으나 연변 조선족자치주 공무원으로 자리를 옮겨 공직사회의 말단에서 단계별로 승진을 거듭, 고위직까지 오른 입지전적 인물이다.

그는 공산주의청년단(공청단) 룽징(龍井)현 당위 서기, 지린성 당위 청년농업부장, 지린성 당위 부서기 등을 거쳐 43세이던 2002년 12월 연변 자치주 주장에 임명됐고 2007년 4월 지린성 부성장에 올랐다.

---

* 2015년 연합뉴스에서

연변 자치주 연길에서 태어난 그가 40대의 나이로 지도급 간부에 오르자, 지역에서는 '조선족의 40대 기수'로 인정하기 시작했다. 그가 부성장과 지린성 당 위원회 상임위원, 정법위 서기 등을 역임하면서 합리적이면서 세심한 일처리로 중앙의 주목을 받기 시작한 것이 이번 발탁의 배경으로 알려졌다.

(참고)

중국 공산당 중앙위원회는 전국 대표대회에서 선출된 약 370명의 중앙위원(의결권자)과 후보위원(의결권 없음)으로 구성되는 최고 권력 기관이다. 이 위원 중에서 중앙정치국 위원이 선출된다. 임기는 5년이며, 전국 대표대회 폐회 중에는 당의 활동을 지도하고 당을 대표한다. 위원 및 후보위원은 최소 5년 이상 당원이어야 하며, 결원이 생기면 후보위원 중 득표순으로 보선된다. 중앙위원회 전체 회의는 중앙정치국이 소집하며, 최소 연 1회 열린다.

러시아, 중앙아시아 고려인

연해주, 디아스포라 고려인의 시작

연해주에 처음 발을 디딘 조선인들은 스스로를 '고려사람' 혹은 '가우리(Kauli)'라 칭했다. 이들은 단순한 이민자가 아니라 고구려의 후예로서, 잃어버린 땅에서 새로운 터전을 개척한 이들이었다. 19세기 중엽, 연해주에 정착한 조선인들은 자신들의 정체성과 뿌리를 고구려에 두며, 국경을 넘어온 이주민의 정체성에 '역사'라는 무기를 들려주었다.

당시 이주민들은 이방의 땅을 단순히 생존의 공간으로 인식하지 않았다. 연해주는 잊힌 조상의 영토이자 상실된 국가의 기억이 깃든 공간이었다. 이러한 의식은 연해주에 등장한 다양한 명칭들에서도 드러난다. '고려족회', '고려인동맹', '고려공산당', '고려적위군' 같은 이름은 단지 민족 정체성을 넘어서, 민족 부흥의 의지와 독립을 향한 열망을 담고 있었다.

1800년대 후반 조선 내부의 혼란과 식민 위협을 피해 연해주로 넘어온 이들은, 나라 없는 백성으로서 러시아의 차별과 소련의 억압을 이겨내야 했다. 이들에게 국경 너머의 땅은 피난처인 동시에 저항의 전선이었고, 스스로 '고려인'이라 부르며 정체성을 지켜나갔다.

연해주는 단순한 이주지 이상이었다. 부여와 북옥저, 고구려, 발해 등 한민족 고대 국가의 영향이 미쳤던 이곳은 역사적 기억이 겹겹이 쌓인 장소였으며, 고려인들에게는 고향이자 조국의 확장이었다. 연해주 땅을 바로 눈앞에 두었던 녹둔도 같은 지역은(현 러시아 영토) 세종 시대에는 군사 주둔지가 있었고, 이순신 장군이 여진을 토벌했던 역사가 서려 있었다. 이러한 역사적 배경은 이들의 망향과 저항의 정서에 더욱 강한 힘을 부여했다.

초기 정착은 쉽지 않았다. 1870년대부터 늘어난 계절노동자들은 항만 건설과 벌목, 철도 공사 등 고된 일을 맡았다. 하지만 그들의 근면성과 공동체 정신은 곧 연해주 곳곳에 조선인 마을이 형성되게 했다. 러시아 당국도 초기에는 이들을 긍정적으로 보았다. 국경지대에 드문 러시아 본국인의 이주를 보완해 줄 인구로 기대했기 때문이다.

1884년 조선과 러시아 간 국교가 수립되고, 조선인의 월경이 자유로워지자 러시아는 고려인을 3등급으로 분류했다. 국교 수립 이전에 들어온 이들에게는 토지와 국적이 주어졌지만, 이후 들어온 이주민들은 일정 기간 체류만 허용된 상태였고, 불법 월경자는 추방 대상이었다. 이처럼 법적 신분에 따라 삶의 조건이 갈렸고, 많은 조선인이 불법 체류자가 되어 곤궁한 삶을 이어가야 했다.

연해주의 조선인 자치기관도 등장했다. 그 중심엔 최재형이라는 인물이 있었다. 러시아어에 능통했던 그는 도헌(면장 또는 읍장)으로 임명되어 조세 징수와 주민 행정을 담당했고, 이후 독립운동의 핵심 인물로 성장했다. 20세기 초까지 연해주에 정착한 고려인 마을은 30개가 넘었고, 3만 명 이상의 조선인이 거주하고 있었다.

연해주, 항일 무장 투쟁의 거점이 되다

1905년, 일본 제국은 을사늑약을 강제로 체결하며 조선의 외교권을 박탈했고, 이어 1910년에는 대한제국을 병합해 식민 지배를 공식화했다. 이 역사적 격변은 국외로 이주한 조선인들에게 깊은 충격을 안겨주었고, 그 반작용으로 연해주는 곧 항일 무장 운동의 요람으로 탈바꿈했다. 이곳에서 활동하던 고려인들은 조국의 운명을 외면하지 않았다. 오히려 이국의 땅에서 독립운동의 씨앗을 키우며 무장 저항의 불을 지폈다.

1907년, 고종의 퇴위와 헤이그 특사 파견 사건은 독립운동의 불씨를 더했다. 안중근은 블라디보스토크로 건너와 의병 창설에 착수했고, 이상설, 이위종, 유인석 등도 이 지역을 근거지로 삼아 독립운동 기지를 구축했다. 특히 1907~1908년 사이 연해주에서 활동한 의병 세력은 1,700여 차례나 일본군과 교전을 벌였으며, 이들에 참가한 인원은 11만 명을 넘었다는 기록이 있다. 이는 단지 숫자 이상의 의미를 지닌다. 타국에서 일어난 항일투쟁은 고려인들에게 존재의 이유이자 민족 정체성의 실천이었다.

그중에서도 1909년 안중근의 이토 히로부미 저격 사건은 전 세계를 놀라게 했다. 이 사건은 우연히 벌어진 돌출 행동이 아니라, 연해주에서의 조직적인 논의와 협력 속에서 구체화된 결과였다. '대동공보'라는 신문사의 사장이었던 최재형과 함께, 우덕순과 조도선 등도 사건에 깊이 관여했다. 이처럼 고려인의 독립운동은 언론, 군사, 교육 등 다양한 영역에서 유기적으로 작동했다.

1910년 7월, 각지의 의병부대를 통합한 '13도의군'이 블라디보스토크에서 결성되었다. 도 총재로 선출된 유인석은 고종의 망명정부 수립을 요청하는 상소를 올리기도 했다. 하지만 같은 해 8월, '한일병합'이 현실로 다가오자 연해주의 고려인 사회는 깊은 절망과 분노에 휩싸였다. 이들은 "왜국이 우리를 노예처럼 다룰 것"이라는 비판 속에서 다시금 무장 투쟁을 결의했다.

당시 약 3만 명에 달하는 고려인들이 조선 국적을 포기하고 러시아에 귀화했다. 선택의 여지가 없던 그들에게 러시아는 제2의 조국이자, 생존을 위한 유일한 대안이었다. 그러나 그들의 삶은 쉽지 않았다. 제국주의적 시각을 가진 차르 정부는 비백인 유색 민족에 대한 구조적 차별을 제도화했고, 고려인들은 낮은 임금과 열악한 주거 환경에 시달려야 했다.

1911년, 이러한 상황을 타개하기 위해 연해주 고려인들은 스스로 대표기관인 '권업회'를 조직했다. 이 기구는 단순한 자치 조직을 넘어 민족적 자각을 일깨우고 계몽운동과 후세 교육에 집중했다. 대표적인 실천으로는 240명을 수용할 수 있는 '한민학교' 건립이었다. 이는 고려인 사회가 독립운동과 민족 교육을 병행하며 '망명 공동체'로서의 역할을 강화해 나가고 있었음을 보여준다.

고려인의 비극, 스탈린의 강제 이주

1930년대 중반, 소련 내 고려인 인구는 20만 명을 넘어섰다. 이들은 문화, 교육, 정치 조직 등 여러 영역에서 공동체의 기반을 튼튼히 다져 가고 있었다. 그러나 이 성장은 곧 소련 국가의 경계 대상이 되었고, 스탈린이 주도한 '국가 테러리즘'의 희생양이 되었다.

1937년, 스탈린은 극동에 거주하던 고려인을 일본의 첩자로 간주하며, '반제국 숙청'이라는 명분 아래 대규모 강제 이주를 단행했다. 그는 당시 "소련이 자본주의 국가들에 둘러싸여 있으며, 내부에 스파이들이 활동 중이다."라고 주장했다. 그 표적이 된 것이 바로 극동지방의 고려인이었다.

당시 중일전쟁 발발로 소련과 일본 사이의 군사적 긴장이 고조되자, 소련은 그해 8월 21일 중국 국민당 정부와 상호 불가침조약을 체결했다. 그와 동시에, 극동지역의 고려인 18만 명을 중앙아시아로 강제 이주시킨다는 비밀명령이 내려졌다. 이는 '예방적 조치'라는 명목이었으나, 실상은 민족 전체를 무차별적으로 추방하는 반인도적 조치였다.

이 강제 이주는 전혀 합리적 근거 없이 진행되었다.
첫째, 무고한 민간인을 일본 간첩으로 몰아붙였고.
둘째, 소련 헌법이 보장한 이동의 자유와 차별금지 원칙을 명백히 위반했다.
셋째, 재산 반출을 허용한다고 했지만, 실제로는 최소한의 짐만 지닌 채 이주해야 했다.
넷째, 사법 절차 없이 비밀명령에 따라 NKVD(내무인민위원부)가 전권을 행사했다.

다섯째, 실제로 일본과 연계된 사례는 극히 드물었고, 대부분은 강요된 자백이나 날조였다.

여섯째, 수천 명이 열차에서 사망하거나 이주 직후 아사와 질병으로 목숨을 잃었다.

1937년 9월 9일, 강제 이주를 위한 첫 수송 열차가 블라디보스토크를 출발했다. 평균 50량의 객차에는 600여 명이 탑승했으며, 일부는 경찰의 감시 아래 객차에, 대다수는 유리창 하나 없는 짐칸이나 가축 운반차에 실려 이동했다. 열차는 한 번 출발하면 수일을 멈추지 않고 달렸고, 환기나 위생은 전혀 고려되지 않았다. 어린이와 노약자가 특히 많은 피해를 입었고, 이동 중 수많은 이들이 병으로 쓰러졌다.

한 달 가까운 열차 이동 끝에 9월 말 도착한 곳은 카자흐스탄 우슈토베, 그곳엔 아무런 시설도 없는 황무지였다. 수용소조차 마련되지 않은 곳에서 고려인들은 땅을 파고 움막을 짓고, 폐허가 된 건물과 축사를 임시거처로 삼아야 했다. 첫 겨울, 얼어 죽는 사람이 속출했고, 어떤 마을에서는 하룻밤 사이 6~7명이 숨졌다. 아침마다 사망자를 확인하고 매장하는 일이 일상이 되었다.

더욱 비극적인 것은, 연해주 지역에 남아 있던 모든 고려인도 11월까지 색출되어 추방되었다는 점이다. 그 과정에서 고려인 지식층과 공산당원, 예술인, 언론인, 장교 등은 반란 예방이라는 이유로 먼저 체포되었고, 상당수가 비밀리에 처형당했다. 이러한 '예방 숙청'은 강제 이주의 서막이었다.

일본과 소련의 적대적 대립의 틈바구니에서 찢기고 짓밟힌 것이 '나라 잃은 백성' 고려인이었다. 1937년 강제 이주와 이를 전후에 얼마나 많은 고려인이 사망했는지는 정확하게 밝혀지지 않고 있다. 일설에 의하면 당시의 숙청, 기근, 질병 등으로 9,500명 넘게 사망을 했다고 한다.

고려인 강제 이주는 해외 한인 디아스포라가 겪은 아픔 가운데 가장 큰 상처이며, 결코 잊거나 지울 수 없는 통한의 현대사이다. 고려인들은 그 피맺히고 억울한 사연을 어디에도 호소하지 못한 채 소련 정권 내내 가슴속 깊이 묻고 묵언의 삶을 살아야 했다.

전 세계는 이 비극 앞에서 침묵했다. 스탈린의 비밀주의 통치하에 이 사건은 국제사회에 거의 알려지지 않았고, 유럽의 어떤 언론도 이를 보도하지 않았다. 유일하게 항의한 국가는 아이러니하게도 일본이었다. 자신들이 신민으로 삼은 조선인이 강제 이주 당한 것에 대해 항의했지만, 소련은 "이들은 소련 시민"이라며 일본의 개입을 일축했다.

강제 이주로 중앙아시아에 도착한 고려인 수는 18만 명에 달했다. 이 중 9만 5천 명은 카자흐스탄에, 나머지는 우즈베키스탄 등지에 분산되었다. 그들 가운데에는 항일 무장 투쟁의 영웅 홍범도 장군도 포함되어 있었다. 그는 카자흐스탄 크즐오르다에서 쓸쓸한 말년을 보내며 생을 마감했다.

1937년 고려인의 강제 이주는 단순한 이주 명령이 아니었다. 그것은 한민족의 역사를 뿌리째 뽑고, 존재 자체를 지워버리려 했던 체계적 박멸의 시도였다.

홍범도 장군, 역사의 진실과 오해 사이

자유시사변은 1921년 러시아 자유시에서 조선 독립군 부대와 러시아 적군이 교전한 사건이다. 흑하사변이라고도 한다. 소련은 차르 정권이 몰락한 혼란을 틈타 시베리아 연해주를 점령하고 있던 일본군을 협상을 통해 철수시키려 했다. 그러자 일제는 소련 영내에 집결해 있던 독립군의 무장해제를 강력히 요구했다. 요구를 무시할 수 없었던 소련은 대한독립군을 볼셰비키로 흡수하여 일본과의 마찰을 피하고자 무장해제 명령을 내렸다. 상해 고려공산당의 입장을 따르던 독립군이 이에 불응하자 공격을 감행하여 사망자 200명이 훨씬 넘는 등 600명이 넘는 희생자를 내었다.

홍범도 장군은 단순한 독립운동가가 아닌, 가난과 불행을 딛고 무장투쟁의 최전선에 섰던 '살아 있는 전설'이었다. 그는 일제강점기 독립운동사의 상징적 인물이며, 동시에 왜곡된 이념 논쟁의 희생양이기도 하다.

1868년 평안도에서 태어난 그는 유년기부터 부모를 잃고 머슴살이를 하며 자랐다. 어린 시절 군에 나팔수로 들어갔지만, 상급자의 폭력에 저항해 탈영, 이후 절에 머물다 비구니와 사랑에 빠져 아들을 얻고, 도적 떼 습격으로 생이별을 겪는 등 삶 자체가 파란만장했다.

그런 그가 1907년 정미의병 시기에 사냥꾼 출신 의병장이 되어 일본군과 싸우기 시작했다. 그 유명한 후치령 전투에서 사냥꾼들과 함께 일본군을 격파하며 '나르는 홍범도'로 불릴 만큼 공포의 대상이 되었다.

그러나 그의 무장 투쟁의 절정은 1920년 봉오동 전투와 이어지는 청산리 대첩이다. 봉오동 전투에서는 일본군 157명을 사살한 대승을 거두며 민족적 영웅으로 떠올랐다. 일부에서 일본군 피해가 과장되었다고 하지만, 당시 임시정부의 공식 기록과 일본군의 반응, 그리고 훈춘 사건 이후 벌어진 대대적 토벌 작전 등을 보면, 그의 전공은 결코 허구가 아니었다.

이후 독립군 세력은 소련령 자유시로 옮겨갔고, 여기서 '자유시 참변'이라는 비극이 발생했다. 이는 이념적 좌우 대립 때문이 아니라, 독립군 주도권을 둘러싼 복잡한 갈등과 소련의 무장해제 요구에 대한 충돌이 원인이었다. 일부는 홍범도 장군이 이 사태의 주범이라고 왜곡하지만, 그는 당시 충돌 현장에 없었으며, 오히려 통합과 화해를 위해 애쓴 인물이었다. 지청천, 안무, 최진동 등 우익 성향 독립운동가들과도 연대했으며, 어떠한 독립군 공격에 관여한 기록도 없다.

홍범도 장군은 현실적 독립을 위해 사회주의 세력과 손잡은 인물이었을 뿐, 공산주의자라 매도 받을 이유가 없다. 그 당시 수많은 독립운동가가 사회주의를 독립의 수단으로 여겼던 시대 상황을 간과해서는 안 된다.

그의 삶은 단지 전장에서의 용맹함만으로 평가할 수 없다. 고아로 자라나 의병이 되고, 아내와 아들을 모두 일제의 탄압으로 잃고, 연해주에서 무장세력을 이끌며 국경을 넘나들며 싸운 삶은 처절한 인간사의 집약이었다. 홍범도 장군은 조용한 천성의 사나이였고, 말없이 전장을 누빈 독립군 총사령관이었다.

오늘날 그를 '사회주의자' 혹은 '자유시 참변의 책임자'로 왜곡하는 시도는, 해방 후 좌우 이념 대립이 만들어낸 유산일 뿐이다. 우리는 역사적 진실을 근거로, 그의 삶을 다시 바라봐야 한다.

홍범도 장군은 결코 특정 이념의 상징이 아니라, 한민족의 자유와 해방을 위해 싸운 투사였다. 그리고 그런 그가 우리 곁에 돌아온 지금, 이제는 그 이름에 대한 온당한 평가가 이루어져야 할 때다.*

유배된 땅에서 피어난 생존의 의지

1937년, 강제 이주로 중앙아시아에 도착한 고려인들은 자신들의 의지와는 무관하게 혹독한 황무지에 뿌리를 내려야 했다. 카자흐스탄과 우즈베키스탄의 각기 다른 지역에 흩어져 배치된 이들에게 주어진 것은 황량한 땅, 낯설고 혹독한 자연환경, 그리고 정착 준비조차 없는 행정 체제뿐이었다. 처음 그들은 집도 없고, 연료도 부족한 상태에서 마구간이나 폐허, 혹은 지하 토굴을 파고 임시거처로 삼아야 했다.

이주 초기의 삶은 거의 생존 그 자체였다. 열악한 주거 환경, 극심한 기후, 물자 부족은 고려인 공동체에 큰 타격을 안겼다. 특히 어린이와 노인이 사망하는 사례가 속출했다. 토굴 안에선 이슬이 맺히고 곰팡이가 자라며 호흡기 질환과 장염, 홍역이 퍼져갔다. 한 마을에서 아침마다 '오늘은 누가 죽었는지'를 확인하는 일이 반복됐을 정도였다. 동사나 질병으로 가족을 잃는 일은 더 이상 특별한 일이 아니었다.

---

* 윤석열 정권 시절, 황현필 역사 강사의 유투브 동영상 '홍범도와 자유시 참변 왜곡 대응' 강의 내용-2023년 9월-을 발췌, 요약하여 글로 재정리함.

1938년 초 고려인들은 당장 먹고살 양식이 없었다. 밀가루 하나로 연명하니 벌써 반년이 넘게 고기, 채소는 구경도 못 했다. 그러나 고려인은 좌절하지 않았다. 그들에게는 연해주에서부터 이어온 근면과 공동체 정신, 그리고 '굶어 죽더라도 종자 벼만은 남긴다.'는 조상들의 생존 철학이 있었다. 이들은 도착하자마자 갈대숲을 베고 늪지를 메워 논을 만들기 시작했다. 손으로 수로를 파고, 연해주에서 몰래 챙겨온 볍씨를 귀하게 심었다. 땀으로 개간한 황무지는 곧 옥토로 변했고, 이듬해 가을에는 풍성한 수확을 맞이했다. 처녀지라 또 일조량이 풍부해 벼가 잘되었다. 강에는 어찌나 물고기가 많았는지 그물이 없어도 몽둥이로 물을 그냥 후려치면 팔뚝만 한 잉어, 가물치, 장어가 마구 잡혔다. 갈대밭에선 덫을 놓아 새를 잡았다.

봄에 파종한 곡물이 가을에 좋은 결실을 맺었다. 토착 유목민들은 난생처음으로 이런 수확물을 보고 놀라움을 감추지 못했다. 고려인들의 근면성이 생산량 증대로 나타났던 것이다. 고려인들은 다음 해에도 풍년을 맞이하여 이주한 지 3년 만에 재기의 기틀을 마련했다. 고려인들은 경제적으로 안정되기 시작했다.

넓이가 한반도의 18배가 되는 중앙아시아 이곳에서 고려인들은 낯선 땅을 조국으로 삼아, 버려진 땅을 옥토로 일구어 농업의 성공 신화를 이룩해 나갔다. 1983년 소련 전역의 쌀 생산 300만 톤 가운데 카자흐스탄에서 90만 톤, 우즈베키스탄에서 50만 톤이 생산되었다.

2차 대전 전시체제 하에선 고려인 콜호스(집단농장)에는 주로 부녀자, 노인, 청소년들이 일했다. 이들의 헌신적인 노동으로 카자흐와 우즈벡 콜호스에서 벼와 목화의 경작면적을 3.5~5배 이상 크게 확장시켰다. 우즈벡에선 경이적인 수확 기록을 세워 수십 명이 사회주의 노동 영웅 칭호, 수백 명이 훈장과 메달을 받았다.

그럼에도 고려인에 대한 억압은 지속되었다. 중앙아시아로 이주한 후에도 고려인은 자유롭게 거주지를 이동할 수 없었고, 다른 지역으로의 이주는 반드시 당국의 특별 허가가 있어야만 했다. 교육과 정치 참여도 제한되었으며, 심지어 전쟁이 발발했을 때조차 이들을 적성 민족으로 간주하여 군 복무조차 허용되지 않았다.

1938년, 소련 당국은 고려인의 언어교육까지 금지했다. 카자흐스탄과 우즈베키스탄의 고려인 학교는 문을 닫았고, 대신 러시아어를 사용하는 일반 학교로 대체되었다. 이는 단순한 언어정책이 아닌 민족 정체성을 지우기 위한 체계적인 동화정책의 일환이었다.

그 와중에도 고려인은 교육을 향한 갈망을 잃지 않았다. 콜호스에서 벗어날 수 있는 유일한 탈출구는 고등교육이었기에, 많은 가정이 자녀를 도시에 보내 공부시키려 애썼다. 대학 입학은 명예였고, 실패는 가족의 수치로 여길 만큼 학업에 대한 집착은 강했다. 이러한 교육열은 이후 고려인 2세대, 3세대의 도시 진출과 전문직 진입의 기반이 되었다.

1941년 독일이 소련을 침공하면서 '대조국전쟁'이 발발하자, 고려인들은 조국을 위해 모든 것을 바쳤다. 군 복무는 제한되었지만, 농촌과 후방에서 쌀과 면화, 옷과 물자를 아낌없이 지원했다. 또한 수천 명의 청년이 스스로 군사위원회에 찾아가 입대를 청원하거나, 국적을 속여

서라도 참전을 시도했다. 이는 자신들을 적으로 낙인찍은 체제조차도 끝내 '우리의 조국'으로 받아들이고자 했으니. 이러한 일은 이들의 깊은 헌신을 단적으로 보여준 것이었다.

하지만 많은 고려인 청년들은 전선 대신 '노동군'으로 징집되었다. 1943년부터 이들은 석탄 산업 지대와 혹한의 탄광, 발전소 건설 현장 등으로 보내졌고, 이 과정에서 수많은 이들이 질병과 과로로 목숨을 잃었다. 노동군 생활은 강제 이주보다도 더한 고통으로 남았다.

그럼에도 고려인은 '펜을 든 손'으로 자신들의 길을 열어갔다. 농업뿐 아니라 교육과 행정, 과학, 예술 영역에서도 빠르게 성장했고, 1960년대에는 교사, 의사, 기술자 등으로 활동하는 비율이 급격히 늘어났다. '삽보다 펜을 선호하는 민족'이라는 평이 나올 만큼, 고려인은 소수민족으로서의 차별을 '지식'으로 돌파하고자 했다.

이렇게 해서 유배지였던 중앙아시아는, 고려인들에게 새로운 삶의 터전이자, 민족의 존엄을 지켜낸 생존의 무대가 되었다.

해빙의 시작과 고려인의 재도약

소련은 북한 창건 전위대로 고려인들을 1945년 8월 9일 극동의 소련 제25군을 함경북도 경흥에 진입시켰다. 종전 후 소련은 다수의 고려인 지식인들을 차출해 연해주, 사할린, 북한 등지의 사회주의 건설 사업에 투입했다. 1950년대 초까지 중앙아시아에서 차출된 고려인은 2,700명에 달했다. 그중 수백 명이 북한의 정부, 군, 교육, 문화 및 경제 건설에 참여했다.

해방 초기 고려인들은 소련 군정을 지원하면서 김일성 빨치산파와 함께 북한을 통치해 나간 중심 세력이었다. 고려인들 대부분은 군사 교육을 받지 않았지만 6.25 전쟁이 터지자 상당수가 인민군 장령급으로 진급하거나 각 부처의 요직을 맡아 전쟁을 치렀다.

강제 이주 당시 카자흐 고려인 이주민 수는 우즈벡보다 1만 8,700명이 많았다. 하지만 20년 뒤인 1959년 인구통계는 카자흐 고려인은 7만 4,000명으로 2만 1,000명이 줄어든 반면 우즈벡 고려인은 13만 8,000명으로 크게 증가해 카자흐 고려인의 약 2배가 되었다. 이후 우즈벡은 최근까지 중앙아시아 고려인 최다 거주국의 지위를 유지했다.

당시 20년간 카자흐 고려인이 급격히 감소한 이유는 벼농사와 채소 농사의 생태적 조건이 관개 농업지대인 우즈벡보다 열악했기 때문이다. 그밖에 카자흐의 혹독한 자연환경, 열악한 주택 조건, 식량부족, 의료시설과 약품 부족으로 카자흐 고려인의 사망률이 매우 높았던 것도 인구 감소의 원인이 되었다.

1953년, 스탈린의 사망은 소련의 정치와 사회를 크게 흔들었고, 이는 곧 고려인들에게도 새로운 전기를 가져다주었다. 1956년, 소련 최고 회의는 '특별이주민 거주 제한 조치 해제법'을 발표하며 고려인을 포함한 유배 민족에게 이동의 자유를 공식적으로 부여했다. 이로써 고려인은 20여 년 만에 거주지 밖으로 나설 수 있었고, 정치 참여와 공직 진출의 길도 열리게 되었다. 하지만 진정한 해방은 훨씬 더디게 찾아왔다. 일상 속 민족 차별과 무언의 경계는 쉽게 사라지지 않았다. 고려인들은 여전히 정부 고위직이나 당 중앙부에 진입하기 어려웠으며, 교육과 노동의 기회도 일부 제한적이었다. 소련 사회에 깊이 뿌리

내린 러시아 우월주의는 여전히 이들의 앞길을 가로막는 보이지 않는 장벽이었다.

그럼에도 고려인들은 스스로를 증명해 보였다. 고등교육에 대한 열망은 더욱 뜨거워졌고, 많은 청년이 수도와 대도시로 진출해 의사, 변호사, 연구자, 예술가 등 다양한 전문직에 진입했다. 이 시기부터 고려인은 '펜의 민족'으로 불릴 만큼 높은 교육 수준과 직업 전문성을 드러내기 시작했다. 1989년 통계에 따르면, 고려인의 약 55%가 전문직에 종사하고 있었으며, 대부분이 도시 거주자였다.

1950년대 말 중앙아시아 고려인의 70~80%는 농촌에 살았다. 그러나 1970년 인구 조사에서는 60%가 도시에 거주하는 것으로 나타났다. 1989년 고려인의 도시화 비율은 80%를 상회했다. 이와 같은 도시화 배경엔 높은 교육열과 사회적 신분 상승의 욕구가 강하게 작용했던 것으로 보인다.

1960~70년대, 고려인은 점차 도시화 되었고, 농촌에서의 삶은 뒤로 한 채 도시 정착민으로 변모해 갔다. 특히 우즈베키스탄의 수도 타슈켄트와 카자흐스탄의 알마티 등지는 고려인 사회의 중심이 되었고, 그곳에서 고려인 문화와 공동체는 새로운 형태로 자리를 잡았다.

하지만 정치적으로는 여전히 소외된 위치에 머물러 있었다. 중앙정부 차원의 정책 결정 과정이나 고위직 임명에서 고려인은 드물게 등장했다. 예외적으로, 키르기스 공화국에서 김 니키포르라는 인물이 농촌건설부 장관으로 11년간 재임하며 주목을 받았으나, 이는 극히 드문 사례였다.

이와 동시에, 고려인들은 자신들의 정체성과 기억을 되찾기 위한 노력도 시작했다. 1960년대 이후, 작가 김세일, 김준 등의 문인들이 문학과 역사소설을 통해 고려인의 독립운동과 강제 이주, 민족적 수난사를 복원하기 시작했다. 이는 단순한 기록의 차원을 넘어, 침묵 속에 묻혀 있던 민족의 기억을 되살리는 작업이었다.

특히 1970년대에 이르러, 소련 체제 내에서도 역사적 진실을 말할 수 있는 틈이 생기기 시작했다. 그러나 본격적인 변화는 1985년 고르바초프가 공산당 서기장에 오르면서부터였다. '페레스트로이카(개혁)'와 '글라스노스트(개방)'라는 구호 아래, 소비에트 사회는 드디어 내부의 민족 문제에 대해 진지하게 접근하기 시작했고, 고려인들도 처음으로 자신들의 과거를 말할 수 있게 되었다.

1989년, 소련공산당은 고려인을 포함한 소수민족에 대한 과거 탄압의 책임을 공식 인정하고, 그들의 권리를 회복하겠다고 선언했다. 이어 1993년, 러시아 연방은 '러시아 고려인의 명예 회복에 관한 법'을 제정함으로써, 1937년 강제 이주와 이후 차별이 부당하고 위법한 조치였음을 명문화했다. 이는 반세기 넘게 침묵 속에 살아온 고려인들에게 늦은 정의의 서광이었다.

하지만 그 직후 1991년, 소련은 해체되었다. 강경파의 쿠데타가 실패하고 고르바초프가 물러난 뒤, 74년간 유지되던 소련은 각 공화국의 독립선언과 함께 붕괴되었고, 러시아 연방이 새로운 체제를 구성하게 되었다. 이 과정은 고려인들에게 커다란 충격이었다. 오랫동안 자신들이 일군 삶의 터전과 제도가 붕괴되는 것을 목격해야 했고, 특히 정치와 경제의 급격한 혼란은 고려인 공동체에도 위기를 안겨주었다.

소비에트인의 조국이자 세계최강 군사 대국 소련의 몰락은 고려인
들에게 천지가 무너지는 청천벽력 같은 사태로 다가왔다.

우즈베키스탄의 고려인 작가 김용택은 당시 충격을 저서 '멀리 떠나
온 사람들'에서 이렇게 적고 있다.

> "위대한 소비에트 국민의 작은 일부인 우리가 이 거대한 국가
> 가 산산 조각나리라고 생각이나 했겠는가. 우리는 모두 공포에
> 질려 망연자실하며 고통스러워하고, 그리고 마침내 안도의 숨을
> 내쉬었다. 마치 앓던 이를 뽑은 것처럼,"

그럼에도 이 격변기를 견디며 고려인은 새길을 찾아 나섰다. 일부
는 과거의 고향 연해주로 돌아갔고, 또 다른 일부는 역사적 조국인 한
국을 향해 이주하기 시작했다. 특히 1992년 한-우즈베키스탄, 한-카자
흐스탄의 수교 이후 고려인의 한국행은 점차 본격화되었다.

소련 시기 공화국별 고려인 인구 현황

년도	인구현황(명)
1959	소련 전체 313,700 러 91,400 / 우즈벡 138,500 / 카자흐 74,000 / 키르키스 3,600
1970	소련 전체 367,500 러 101,300 / 우즈벡 148,000 / 카자흐 92,000 / 키르키스 9,400
1979	소련 전체 389,000 러 98,000 / 우즈벡 163,000 / 카자흐 92,000 / 키르키스 14,500
1989	소련 전체 429,000 러 107,100 / 우즈벡 183,100 / 카자흐 103,100 / 키르키스 18,300

1990년대에 이르자 중앙아시아 고려인들의 재이주가 있게 되었다. 그들의 극동 고향 연해주로 1994년 기준 기존 고려인 10,760명에서 재이주 7,500명으로 총 18,200명에 이르게 되었다.

고려인들의 한국행은 주로 1992년 한·우즈베키스탄, 한·카자흐스탄 수교 이후 본격화되었다. 2020년대 초반 기준으로 약 7만 명 이상이 한국에 체류하고 있는 것으로 추산되며, 이 중 우즈벡과 카자흐 출신이 다수를 차지한다.

한국 국적을 취득한 고려인(귀화자, 재외동포 자격자)으로는 수천 명 이상이 귀화 또는 국적 회복을 통해 정착한 것으로 보인다.

고려인 총이주민 수를 전체적으로 보면 약 8만~10만 명의 고려인 출신 이주민이 한국에 장기 체류하거나 정착한 것으로 추산된다.

통한의 사할린 고려인

러시아는 1860년대 말 홍콩에서 중국인 쿨리를 모집했고, 1870~80 년대에는 탄광 노동에 고려인들을 동원했다. 또 어업에서도 고려인을 고용했다. 이때부터 사할린에 고려인의 거주가 시작되었을 것으로 보인다. 당시 사할린은 '지옥의 동토'로 불린 악명 높은 섬으로 유형지였다. 제정 러시아의 1897년도 인구 조사에 따르면 사할린 총인구 2만 8,000명 중 고려인은 67명이었다. 이들은 연해주에서 배를 타고 이 섬으로 이주한 사람들이다. 1905년 러일전쟁에서 일본에 패하자, 사할린은 양분되어 남부 사할린은 일본에 할양되어 '가라후토'로 바뀌었고, 섬 북부는 러시아가 계속 지배했다. 북부의 경우 1931년 총인구 3만 9,000명 중 대다수 러시아인 다음으로 고려인 1,700여 명이었다.

1932년 고려인 수가 3,200명까지 늘어났으나 이들도 1937년 강제 이주 조치로 모두가 중앙아시아로 이주를 당했다.

섬 남부인 가라후토에서 실시된 1920년 주민조사에는 934명 조선인이 살고 있었다. 일본군이 1925년 북부 사할린에서 완전히 철수하자 일본군을 따라 730명이 이곳으로 이주해 왔다. 그밖에 연해주나 홋카이도에서 이주해 온 사람들로 1926년 남부 섬엔 조선인 거주자는 4,400명, 1934년에는 5,800명으로 늘어났다.

가라후토에 조선인 수가 급격히 늘어난 것은 1937년 중일전쟁 발발 이후다. 전쟁물자를 조달하기 위해 이 섬을 일제가 적극적으로 개발하면서 1939년부터 조선에서 강제로 노동자를 끌어오기 시작했다. 이렇게 강제로 동원된 한국인만 무려 16만 명으로 추정된다. 즉 1939년부터 조선에서 강제로 끌려온 조선인과 그 이전부터 거주해 온 '사할린 고려인'과는 구별 지어 부르는데 이들을 '사할린 조선인'이라고 현재에도 부른다.

사할린의 혹한과 중노동은 수많은 조선인을 죽음으로 몰아갔다. 극한의 하루하루가 이어지던 어느 날 해방이 찾아왔지만, 이들은 여전히 조국으로 돌아갈 수 없었다. 패전한 일본은 조선인들의 귀환에 대한 책임을 외면하였고, 소련은 조선인을 계속 억류하려 했다. 설상가상, 해방된 조국은 분단의 길로 들어섰고 곧 전쟁이 뒤따랐다. 혼란의 시기, 약 2만 3천 명의 한인들이 자신의 의지와 상관없이 사할린에 남겨졌다.

사할린 고려인의 국적 취득을 보면 1980년대 소련 국적 65%, 북한 국적 20%, 무국적 15%에서 1990년대는 소련 국적 89.6%, 북한 국적 1.1%, 무국적 9.3%이다.

북한 국적이 1%대로 대폭 감소한 것은 88서울올림픽 및 1990년 9월 한소 수교 이후 한국의 러시아 진출, 사할린 동포 모국 방문과 영주 귀국사업이 활발히 이루어지면서 나타난 변화다. 현재 사할린 고려인의 99.9%는 러시아 국적으로, 북한 국적과 무국적자는 거의 없다.

사할린 동포 영주 귀국사업은 1992년 처음 시작했고, 2020년 특별법 제정을 통해 귀국 및 정착을 지원하는 법적 기반이 마련되었다. 그 후 다시금 법 개정으로 귀국할 수 있는 동반 가족의 범위를 모든 자녀와 그 배우자까지 확대하며 현지 동포 사회의 요구를 받아들였다.

고려인의 귀환과 새로운 세기를 향한 과제

1990년대 이후, 소비에트 붕괴와 더불어 고려인 사회에도 새로운 물결이 일기 시작했다. 혼란스러운 정세 속에서 일부 고려인들은 옛 고향 연해주로 돌아가기 시작했고, 또 다른 많은 이들은 '역사적 조국'이라 여긴 한국으로의 이주를 선택했다. 1994년 기준, 연해주에는 기존 거주 고려인 외에 약 7,500명이 새롭게 이주해 정착하면서 총 1만 8,000여 명의 공동체가 형성되었다.

특히, 한국과 우즈베키스탄·카자흐스탄 간의 외교 수립 이후 고려인의 한국행은 본격화되었다. 2020년대 초반 기준으로 약 7만 명 이상이 한국에 거주하고 있으며, 다수는 우즈베키스탄과 카자흐스탄 출신이다. 귀화하거나 재외동포 자격으로 한국 국적을 취득한 고려인도 수천 명에 달하며, 전체적으로 약 8만~10만 명의 고려인 출신 이주민이 장기 체류 혹은 정착한 것으로 추산된다.

고려인들은 경기도 안산, 광주광역시, 인천광역시 등지에 밀집 거주하며 새로운 삶의 장을 펼치고 있다. 그러나 이들의 정착은 단순한 이주 이상의 의미를 지닌다. 그것은 디아스포라 공동체가 자신의 뿌리를 다시 찾고, 고향이라 부르던 조국과 관계를 회복해 가는 과정을 의미한다. 동시에 새로운 이질성과 충돌, 차별과 오해 속에서도 자신들의 자리를 구축해 가는 고된 여정이기도 하다.

한국 사회는 이들의 존재를 보다 적극적으로 수용하고 이해하려는 노력을 기울여야 한다. 특히 한국 정부와 지방자치단체는 고려인들이 문화적 정체성과 역사적 기억을 온전히 계승할 수 있도록 언어교육, 장학제도, 문화교류 프로그램 등을 제도적으로 확충할 필요가 있다. 단순한 정착 지원을 넘어, 한국 사회 내 차별 해소와 정체성 회복을 위한 다층적인 접근이 필요하다.

또한, 러시아와 중앙아시아에 여전히 거주 중인 고려인 공동체와

연대 역시 강화되어야 한다. 민족적 뿌리를 공유하는 이들이 서로 연결되어 상호 지원하고 협력하는 구조를 만들어가는 일은, 단지 민족주의 차원의 과제가 아니라 세계 속 한민족의 문화적 다양성과 포용력을 드러내는 일이기도 하다.

해외 고려인의 권익을 보호하고 안전을 보장하기 위한 외교적 기반도 더욱 튼튼히 다져야 할 시점이다. 재외 고려인 공동체에 대한 정부

차원의 지원 확대는, 글로벌 한민족 정체성의 지속 가능성을 지탱하는 기둥이 될 것이다.

20세기 내내 수난과 유배, 차별과 망각 속에서 끈질기게 생존해 온 고려인은 이제 새로운 세기, 새로운 공간에서 또 다른 역사를 쓰고 있다. 그들의 생존은 저항이었고, 정착은 하나의 기적이었으며, 오늘의 귀환은 미래 세대를 위한 연결이다. 이들의 발자취는 단순한 이민사의 한 갈래가 아니라, 분열과 단절을 넘어선 인간 존엄과 공동체 회복의 서사이자, 한국 현대사의 확장된 지평이다.

역경을 이겨낸 고려인

1. 빅토르 최 (Viktor Tsoi)

소련 록의 전설이 된 고려인이다.

본명은 빅토르 로베르토비치 최(Viktor Robertovich Tsoi). 1962년, 카자흐스탄의 크질오르다(Kzyl-Orda)에서 고려인 아버지와 우크라이나인 어머니 사이에서 태어났다. 1967년, 가족과 함께 상트페테르부르크로 이주하였고, 어린 시절부터 미술과 음악에 재능을 보이며 예술적 감수성을 키워갔다.

음악 활동의 시작과 '키노(KINO)' 결성

1982년, 소련 사회에서 록 음악이 제도권 밖에 있던 시절, 빅토르 최는 록 밴드 '키노'를 결성한다. 1982년 자비로 제작한 첫 앨범을 발매한 이후 멤버를 재정비해 1984년부터 본격적인 활동에 나섰다. 1985년과 1986년 레닌그라드 록 페스티벌에서 가사상을 비롯한 상을 수상하며 존재감을 드러냈다.

소련 록의 아이콘으로 부상

1987년 발표한 앨범 「혈액형」은 아프가니스탄 전쟁에 대한 반전 메시지를 담아 대중적 반향을 일으켰다. 같은 해 그는 영화 「바늘」에 출연하며 배우로도 활동 영역을 넓혔다. 1988년 이후 페레스트로이카와 글라스노스트 정책으로 사회 분위기가 개방되면서, 덴마크, 프랑스, 미국, 일본 등지에서 해외 공연을 펼쳤고, 프랑스에서는 앨범 「마지막 영웅」을 녹음하기도 했다.

갑작스러운 죽음과 유산

1990년 여름, 전국 공연을 마친 후 라트비아의 별장에서 새 앨범을 작업하던 중, 8월 15일 리가 근교에서 교통사고로 갑작스레 사망했다. 향년 28세. 그가 마지막으로 작업하던 곡들은 사후에 「검은 앨범」으로 발표되었다.

상징성과 문화적 영향

빅토르 최는 단지 가수가 아니라, 소련 젊은이들에게 변화와 자유, 저항의 상징으로 받아들여졌다. 그의 음악은 체제의 경직성과 부조리에 맞서 싸우는 청년 정신을 대변했으며, 록 음악을 통해 사회적 메시지를 전달한 첫 번째 대중 스타로 기억된다. 지금도 모스크바 아르바트 거리와 상트페테르부르크의 '최의 벽'에는 그를 기리는 추모 글이 끊이지 않고, 매년 8월 15일 추모 행사가 열린다.

2. 뱌체슬라프 킴

한국계가 재벌 1·2위를 다투는 나라
카자흐스탄의 가장 영향력 있는 사업가 2위
카자흐스탄의 가장 부유한 사업가 1위

킴은 금융과 IT의 복합기업인 Kaspi.kz의 회장이다. 소매체인 Magnum Cash&Carry, 요금청구서 회사 JSC Alseko 등을 보유하고 있기도 하다. 그는 카자흐스탄 태권도 연맹 회장, 카자흐스탄 금융가 협회 이사회 위원, 러시아 의대 및 스포츠 학교 연방 이사회 위원, 피즈마트 기금 이사회 위원직을 맡고 있다. 2024년 추정 자산 58억 달러라고 한다.

그는 어떻게 성공했나?

1969년생인 킴은 1998년 아바이 카자흐 국립 교육대학교에서 금융 경제학 학위를 취득하고, 2002년에는 러시아-카자흐 현대 인도주의 대학교에서 금융 학위를 취득했다.

1993년 킴은 Planet Electronics라는 전자 제품 매장을 열었다. 그뿐 아니라 에두아르도 킴의 테크노돔 등 고려인들은 이 분야에서 한국과의 접점으로 유리한 위치에 있었다. 킴의 매장은 10년도 채 되지 않아 카자흐스탄에서 가장 큰 매장이 되지만, 그는 사람들에게 대출을 해주면 매출을 늘릴 수 있으리라 아쉬움을 느끼고 있었다. 소련 붕괴 이후 카자흐는 어려운 시기를 겪고 있던 시절이었다.

2002년 킴은 카스피 은행과 계약을 맺었다. 하지만 무역과 대출을 결합하는 것은 쉽지 않았고, 그는 자신을 도와줄 베어링 보스토크 펀드를 투자 파트너로 삼아 은행 지분을 인수했다. 이를 계기로 2007년 미하일 롬타제(Mikhail Lomtadze)가 경영진에 합류하여 킴 대표와 함께 카스피 은행을 카자흐스탄 최대 핀테크 회사로 탈바꿈해 나가기 시작했다.

Kaspi.kz는 예탁증서로 2024년 1월부터 나스닥 거래소에 상장되어 2백억 달러대의 가치를 인정받고 있다.

3. 비탈리 올렉산드로비치 킴

우크라이나의 정치인이다. 고려인 4세이자 한국계 우크라이나인으로, 2022년 러시아의 우크라이나 침공 당시 미콜라이우주의 주지사로 재직.

그는 1981년에 태어났다. 아버지 올렉산드르 킴은 소련의 농구선수였고 유소년 국가대표 선수를 지내기도 했다. 어머니에 대해선 알려져 있지 않다. 어릴 때는 태권도를 배웠다. 우크라이나 미콜라이우 제2 김나지움을 졸업하고 국립 마카로프 제독 조선(造船)대학교에서 경영학 및 경제학 학위를 취득했다.

기업에서 일하다가, 우크라이나 농무부에서도 잠시 일했다. 2019년 인민의 종 대선후보 볼로디미르 젤렌스키의 대선 캠프에서 미콜라이우 지역선거본부장을 지냈다. 이후 미콜라이우 주지사로 임명되어 2020년부터 임기를 시작했다.

2022년 러시아의 우크라이나 침공이 발발하자 오데사로 향하는 길목인 미콜라이우를 방어하는 미콜라이우 전투에 참여했으며, 인민의 종에서 자신이 보좌하던 젤렌스키 대통령과 비슷하게 전시행정을 수행하며 소셜 미디어를 적극 활용하는 모습을 보이고 있다.

BBC 인터뷰에 따르면 수십 명이 사상당한 미콜라이우 주 청사 미사일 공격 당시 늦잠으로 지각하는 바람에 화를 면했으며 주 청사를 보고도 담담한 모습을 보여줘 많은 이들의 신망을 얻었다. 뉴욕타임즈와의 인터뷰에서 전시에서 자신이 침착할 수 있었던 이유로 아버지가 가르쳐준 '태권도 정신' 때문이라고 했다.

하여간 최전선 중 하나인 남부 전선에서 죽음을 각오하고 일하는 정치인이다 보니 우크라이나 매체에서 남부 전선을 다룰 때 심심하면 나온다. 일각에서는 젤렌스키 대통령, 우크라이나군 총사령관, 육군 총사령관만큼이나 차기 대선후보로 거론되며 반대로 러시아에선 그만큼 제거하고 싶은 인물이라고 평가를 받고 있다.

러시아-우크라이나 전쟁 중 우크라이나 미콜라이우주 전선에서 우크라이나군 지휘와 전시행정 업무를 총괄하여 러시아군과 전투를 벌이게 되었는데, 하필 해당 지역에서 러시아군을 지휘하는 고려인 혈통의 알렉세이 킴 사령관과 정면 대결을 펼치게 됐다. 즉 한국계의 고려인 혈통끼리 강제 이주와 국적 변동의 굴곡진 역사 끝에 적국의 지휘관으로 만나 맞붙게 된 얄궂은 운명이었다. 물론 세월이 너무 많이 흘러 고려인이니 한국계 동포라는 상호 인식은 희미해졌겠지만, 말 그대로 역사의 장난이 아닐 수 없다. '강제 이주' 비극의 역사…

러시아의 킴 vs 우크라의 킴

재일 조선인

'경계 위의 존재들'을 다시 바라보다

한반도를 떠나 일본 열도로 향한 이들은 단지 육체의 이동만이 아닌 정체성과 기억의 경계를 건넌 이주자들이었다. '재일 조선인'이라는 이름은 단순한 민족적 분류를 넘어, 제국의 탄생과 몰락, 분단의 고착과 냉전의 잔재, 그리고 민주화 이후 한국 사회의 변화를 온몸으로 겪어낸 사람들의 역사를 아우른다.

그러한 재일 조선인의 역사를 단순한 피해자 담론에 머물지 않고, 그들이 어떤 방식으로 일본 사회 속에서 삶을 꾸려 왔으며, 그 과정에서 어떤 저항, 생존, 그리고 동화의 궤적을 남겼는지 깊지는 않지만 다각도로 되짚어 보고자 한다. 우리가 잊고 있었던 그들의 이름, 언어, 문화, 정치, 그리고 삶의 흔적들을 되살리는 작업은 지금, 이 시점에서 더욱 절실하다.

식민지의 이주자들: 제국 일본의 '내지인'이 된 조선인

1910년 한일병합으로 조선이 일본의 식민지로 전락한 이후, 조선인의 일본 이주는 제도적으로 장려되기 시작했다. 그러나 그 이주는 결코 자유로운 선택이 아닌 삶의 궁핍에서 비롯된 강제적 생존 전략이었다. 일본 제국은 조선을 자원의 공급지이자 인력의 예비 창고로 삼았고, 조선인들은 '내지'라 불린 일본 본토로 농촌 인구의 잉여 노동력으로 이동하게 된다.

강제 동원 이전의 자발적 이주

1910년대 후반부터 1930년대 초까지 조선인의 일본 이주는 비교적 자유로운 형태로 진행되었다. 그러나 이는 조선 내 농업 기반 붕괴와 지주 중심 경제 구조의 압박으로부터 탈출하려는 농민들의 이탈과 빈곤층의 도시 이주 성격이 강했다. 오사카, 고베, 후쿠오카 등지에는 점차 '조선인 부락'이 형성되었고, 이들은 도시의 하층 노동에 투입되었다.

이 시기 일본 정부는 조선인의 유입을 묵인하면서도 사회질서를 위협하지 않는 선에서 통제하려 했으며, 조선인들은 공사판, 광산, 제철소, 벽돌공장, 하수도 정비 현장 등 위험하고 천대받는 일에 주로 종사했다. 이른바 '산업예비군'이 된 이들은 일본인의 일자리 안정과 자본 축적에 기여하는 '보이지 않는 노동자'로 존재했다.

간토 대지진과 조선인 학살 – 재난 속의 참혹한 인권 유린

1923년 9월 1일, 리히터 규모 7.9의 대지진이 도쿄와 요코하마를 비롯한 간토 지방을 강타했다. 가옥 45만 채가 무너지고, 도쿄 시내의 44%, 요코하마의 80%가 불타거나 파괴되었다. 사망자와 행방불명자는 10만 5천여 명에 달했다. 점심 무렵 발생한 지진은 곳곳에 화재를 일으켰고, 사망자의 90%는 불길 속에서 목숨을 잃었다. 피해가 걷잡을 수 없이 커지자 천황 칙령에 따라 계엄령이 선포됐다.

그러나 재난 발생 직후, "조선인이 우물에 독을 풀었다.", "폭동을 일으켰다."는 유언비어가 경찰과 언론을 통해 급속히 퍼졌다. 불안과 분노는 곧 폭력으로 번졌다. 일본 각지에서 4천 개가 넘는 자경단이 조직되어 거리에서 조선인을 색출하기 시작했다. '기미가요'를 부르게 하거나 일본어 발음을 시험해 조선인 여부를 가렸고, 발음이 부정확하면 곧바로 연행·구금·살해했다. 상해 임시정부 기관지 『독립신문』은 이 학살로 희생된 조선인의 수를 6,661명으로 추산했다. 이 참혹한 사건은 전대미문의 인종 말살이었다. 희생자는 조선인뿐만이 아니라 중국인까지도 그 표적이 되었다.

놀랍게도 100년이 지난 오늘날에도 그 잔재는 완전히 사라지지 않았다. 금년 여름 일본 참의원 선거 기간, 극우 성향 참정당의 유세 현장에서 한 지지자가 주변 사람에게 "15엔 50전"을 발음해 보라고 요구하는 일이 있었다. 이는 1923년 당시 조선인 감별법의 하나였다. 100년이 지나서도 청산되지 않은 역사가 여전히 사회 곳곳에서 독기를 뿜고 있는 셈이다.

일본 정부의 공식 입장은 여전히 "관련 증거가 없다"이다. 그러나 이는 차고 넘치는 증거를 외면하는 태도일 뿐이다. 매년 9월 1일이면 일본의 일부 매체들은 이 어두운 역사를 보도하고, 드라마에서도 이를 다루곤 한다. 일본의 한 시민단체는 1973년 도쿄 요코아미초 공원에 '조선인 희생자 추도비'를 세우고 50년 넘게 추도식을 이어왔다. 또 다른 시민단체는 1982년부터 아라카와 강변의 집단 학살 현장에서 진상

규명과 추도 활동을 계속하고 있다.

금년 8월 31일에도 도쿄 메이지대에서 간토 조선인·중국인 희생자 추도식이 열리며, 지난해에는 일본 시민 약 1,000명이 이 자리에 모였다. 일본 정부의 부정은 손바닥으로 하늘을 가리는 것과 같다.

일본 정부가 공식 발표한 희생자 수는 233명이지만, 민간 조사에서는 6,000명 이상으로 집계된다. 당시 스미다강과 아라카와강이 시신으로 붉게 물들었다는 증언이 남아 있다. 그럼에도 일본 정부는 사건을 은폐했고, 진상규명과 사과는 한 번도 제대로 이루어지지 않았다.

2024년 10월, 국회의원회관에서 열린 '1923 간토대학살' 사진전에서 이재명 당시 민주당 대표는 "간토대학살 피해자 유족이 아직 계시고, 이는 여전히 현재진행형인 삶의 일부"라며, "최대한 신속히 민주당이 발의한 관련 특별법을 통과시키겠다."고 약속했다. 이제 대통령이 된 국가와 국민의 대표로서 반드시 실현해야 할 과제다.

-한겨레 기고 글 중에서- 2025.8.14.

간토 대지진과 조선인 학살은 재난이 사회적 공포와 혐오를 어떻게 폭발시켜 대규모 인권 침해로 이어질 수 있는지를 보여준다. 잘못된 정보와 권력의 방조는 민족 차별과 증오라는 비극으로 귀결되었다. 이 어두운 역사는 오늘도 반복되지 않도록, 그리고 결코 잊히지 않도록 우리가 기억해야 한다.

'강제 동원'이라는 국가 폭력

1937년 중일전쟁, 그리고 1941년 태평양전쟁이 발발하면서 일본은 본격적인 전시체제에 돌입한다. 조선인 이주는 이때부터 자발적 노동이 아닌 강제 동원의 성격을 띠게 된다. 조선총독부는 '국가 총동원법' 아래 조선인을 일본 내 노동력으로 징발하기 시작했고, 1940년대에 접어들며 '노무 동원'이라는 이름 아래 수십만 명의 조선인들이 일본으로 끌려갔다.

일본 정부는 당시 조선인을 '일본 국적의 황국신민'으로 규정했으나, 실제로는 차별과 착취의 대상으로 삼았다. 수많은 조선인이 군수공장, 탄광, 조선소, 토목공사 현장 등에서 열악한 환경에 내몰렸으며, 건강을 해치거나 목숨을 잃기도 했다. 특히 히로시마와 나가사키 원폭 피해자 중에도 많은 조선인이 포함되어 있었지만, 그들의 피해는 일본 사회에서 철저히 은폐되었다.

'조센징'이라는 낙인과 이방인의 정체성

이렇게 형성된 재일 조선인 사회는 일본 사회의 중심이 아닌 주변부에 위치한 집단이었다. 일본인은 그들을 '조센징(朝鮮人)'이라 부르며 차별의 대상으로 삼았다. 이 호칭에는 단순한 국적 구분이 아닌, 혐오와 경멸의 감정이 응축돼 있었다. 조선인들은 학교에서, 직장에서, 주거지에서 차별을 겪었고, 때로는 폭력의 대상이 되었다.

일본 내 조선인 아이들은 학교 급식에서 우유를 받지 못하거나, 일본어 교육만을 강요받는 등 언어와 문화마저 박탈당한 채 성장했다. 해방 이후에도 이러한 차별은 지속되었으며, '재일'이라는 정체성은 단지 국적이 아니라 일본 사회에서의 위치이자 낙인이 되었다.

해방, 그러나 자유는 없었다:
혼란 속 정체성의 분열과 조직화

해방의 기쁨과 귀국의 좌절

1945년 8월 15일, 일본 제국이 패망하면서 한반도는 해방을 맞이했다. 조선인들은 일제의 폭압에서 벗어난 해방의 기쁨을 만끽했으나, 일본에 남아 있던 200만 명 가까운 조선인에게 해방은 끝이 아닌 새로운 혼돈의 시작이었다. 대부분의 조선인은 곧바로 귀국을 시도했지만, 현실은 녹록지 않았다.

해방 직후 일본 사회는 패전의 충격으로 혼란에 빠져 있었고, 조선 총독부는 해체되었으며, 새로운 행정 체계도 마련되지 않은 상태였다. 연합군 점령 하의 일본 정부는 조선인에게 명확한 법적 지위를 부여하지 않았고, 귀국을 위한 선박과 수송 수단 역시 매우 부족했다. 실제로 수백만 명 중 약 절반 정도만이 해방 직후 귀국에 성공했으며, 나머지는 불안정한 체류 속에 일본에 남게 되었다.

남은 이들은 대부분 고령자, 여성, 어린이, 또는 귀국 비용을 감당할 수 없는 빈곤층이었다. 조국은 해방되었지만, 그들이 돌아갈 곳은 없었다. 미군정 하의 남한, 소련 군정 하의 북한은 각각 이념의 대립 속으로 빨려 들어가고 있었고, 재일 조선인은 곧 남과 북, 두 체재 중에서 선택을 강요받는 새로운 분단의 정치에 휘말리게 되었다.

민족적 각성과 정치 조직의 형성

해방 직후 일본에 남은 조선인들은 정치적 공백 속에서 자생적인 민족운동 조직을 결성했다. 그중 가장 두드러진 조직이 바로 재일본조선인연맹(조련)이었다. 조련은 해방 3개월 후인 1945년 10월, 오사카에서 출범했으며, 급속히 전국 조직으로 확대되었다. 창립 초기 조련은 귀국 지원, 피해 보상 요구, 민족학교 설립 등을 중심으로 활동하며, 일본 내 조선인의 민족적 권리 확보를 최우선 과제로 삼았다.

당시 조선인은 일본 국적이 아닌 상태로 무국적자가 되었고, 교육권, 노동권, 사회보장권 등 기본권에서도 배제되었다. 조련은 이러한 차별에 맞서 단결을 통해 권리를 쟁취하려는 움직임을 주도했다. 특히 재일 조선인 자녀를 위한 민족학교 건립 운동은 단순한 교육 문제가 아닌 민족 정체성 수호 운동으로 자리매김하였다.

그러나 조련은 곧 이념적 색채를 띠기 시작했다. 초기에는 좌·우익, 귀국파·잔류파가 혼재되어 있었으나, 시간이 지나며 공산주의 성향의 북조선 지지 노선으로 기울었고, 이것이 조직 내부의 분열로 이어졌다. 이후 한국전쟁이 발발하면서 조련은 일본 정부에 의해 '친북 좌익 단체'로 간주되어 해체당했고, 재일 조선인 사회는 다시 한번 정치적 고립과 재조직의 갈림길에 서게 되었다.

조총련과 민단: 분단의 그림자가 일본에도 드리워지다

해방 후 일본에 남은 조선인 사회는 일본 정부의 냉대 속에서도 자구책을 마련하며 조직화를 추진했다. 그러나 조국이 남북으로 분단되자 일본 내 재일 조선인 사회도 갈라지기 시작했다. 특히 1948년 남한과 북한이 각각 독립 정부를 수립한 이후, 재일 조선인들은 고국의 분단 현실을 고스란히 자신들의 삶 속에서 체감해야 했다.

이러한 가운데, 재일 조선인 사회 내에서 두 조직이 중심적인 역할을 하게 된다. 하나는 '조선민주주의인민공화국'을 지지하는 재일본조선인총연합회(조총련), 다른 하나는 '대한민국'을 지지하는 재일본대한민국민단(민단)이다. 두 조직은 단지 정치적 지향만 다른 것이 아니라, 문화적·사회적 기반부터 활동 방식까지 극명한 차이를 보였다.

조총련은 1955년 결성된 이후 일본 내 조선학교를 세우고, 조선인 아이들에게 민족교육을 실시했다. 그들은 "조국은 북쪽에 있다."는 신념 아래, 북송 운동을 벌이고 조선민주주의인민공화국과의 연결을 중시했다. 일본 내에서 자발적으로 결성된 재일 조선인 단체들 가운데 가장 조직력 있는 집단이었으며, 동포 사회의 자치활동, 문화 행사, 청년단체, 여성회 등을 통해 민족의식을 고양시켰다.

반면 민단은 1946년 결성 이후 일관되게 대한민국을 유일한 합법 정부로 인정하고 지지했다. 민단의 활동은 재일동포들의 법적 지위 향상, 경제적 자립 지원, 한글 교육과 문화 계승 등에 집중되었으며, 일본 사회 내에서 점차 제도적인 인정과 협력관계를 구축해 나갔다. 특히 한국 정부와의 관계는 조총련보다 훨씬 밀접했고, 대한민국의 외교 정책 변화에도 민감하게 반응했다.

이 두 단체는 각자의 노선과 정체성을 분명히 하며 수십 년간 갈등을 이어갔다. 동포 사회 내에서는 서로를 배척하고 경쟁하는 분위기가 고착화 되었으며, 심지어 한 동네에서도 민단계와 조총련계의 자녀들이 같은 학교에 가지 않는 일도 흔했다. 정치적 선택이 개인의 삶의 방식까지 규정하는 현실은, 재일 조선인들의 공동체성을 심각하게 훼손하는 요소로 작용했다.

국교 정상화 이후 재일 조선인
- 권리 없는 시민, 경계 위의 삶

한일 협정의 그늘 속에서

1965년 체결된 한일 국교 정상화 협정은 한국과 일본 사이의 외교적 단절을 해소하고, 국교를 회복한 역사적 사건이었다. 그러나 이 협정은 재일 조선인 문제를 둘러싼 민감한 사안들을 은폐하거나 축소한 채 진행되었다. 특히 일본에 거주하는 조선인들의 법적 지위와 관련된 조항은 불분명하고 모호한 표현으로 일관되었고, 그 결과 재일 조선인은 또 한 번 경계인으로 남겨졌다.

협정 당시, 일본 정부는 재일 조선인을 '일본 국적을 상실한 구 조선인'으로 간주했으며, 한국 정부는 그들을 대한민국 국민으로 간주하였다. 하지만 이들의 국적 문제는 사실상 해결되지 않은 채 방치되었고, 그 결과로 수많은 재일 조선인이 무국적자 상태에 놓이게 된다. 일본에서 태어나 일본어로 교육받고 살아가고 있음에도, 그들은 일본 국적을 가질 수 없었고, 한국 국적도 자동으로 주어지지 않았다.

이러한 법적 공백은 교육, 고용, 의료, 복지, 정치 참여 등 전반적인 삶의 영역에서 구조적인 차별로 이어졌다. 특히 귀화 문제는 정치적 민감성을 띠며, '일본 국적을 취득하면 정체성을 버리는 것'이라는 인식 속에서 많은 재일 조선인은 귀화 대신 '특별영주자' 신분으로 살아가기를 선택했다.

한일 수교 60주년을 맞아

일본 오사카에서 재일동포로 살아가며 평생을 조국을 위해 헌신한 기업인 서갑호(1915~1976) 회장의 이야기가 다시 조명되고 있다. 그는 일제강점기 시절 14세의 나이로 일본에 건너가 폐품 수집과 껌, 사탕을 팔며 생계를 이어갔고, 이후 타월 공장에서 성실함을 인정받아 방적업에 뛰어들었다. 그의 성공은 결코 하루아침에 이뤄진 것이 아니었다. 전후 일본 경제가 재건되는 과정에서 그는 방적공장을 세우고, 군복 수요가 폭등한 한국전쟁을 계기로 성장의 기반을 다졌다.

서 회장은 오사카를 중심으로 방적공장과 부동산, 호텔, 볼링장 등으로 사업을 확장하며 재일 한인 최고 소득자가 되었다. 그러나 그는 자신의 부와 성공을 조국 대한민국을 위해 아낌없이 사용했다. 1950년대 초, 도쿄 공사관이 임대료를 내지 못해 곤란에 처했다는 소식을 듣고, 그는 2층 유럽식 건물을 매입해 공사관으로 무상 제공했다. 이후 10년간 무상 사용케 한 뒤, 1962년 광복절을 맞아 대한민국 정부에 이 건물을 기증했다. 이는 현재의 주일 한국대사관 부지로, 오늘날 시가 1조 원에 이른다.

그의 기부는 여기서 끝나지 않았다. 오사카 공사관 이전 문제로 거액의 보증금이 필요할 때도 동포들과 함께 8억 엔을 부담하며 외교 공간 확보에 힘썼고, 외교부의 반대에도 "대한민국의 자존심"이라며 중심가에 새 공관을 지었다.

서 회장은 박정희 대통령의 요청으로 귀국해 방림방적을 세우고, 구미와 구로 산업단지 조성에도 기여했다. 그러나 1974년 대형 화재와 석유파동, 볼링 산업 붕괴가 겹치며 사업은 큰 위기를 맞는다. 당시 그는 자금난 해소를 위해 한국 정부에 협조를 요청했으나 외면당했고, 결국 철수할 수밖에 없었다. 이후 필리핀 출장에서 돌아온 직후 서울 자택에서 갑작스럽게 세상을 떠났다. 향년 61세였다.

그의 사후, 대한민국 정부는 서 회장에게 국민훈장 동백장을 추서했고, 주일 한국대사관은 그의 기증일인 11월 1일을 '서갑호의 날'로 제정해 유족과 함께 기념하고 있다.

그는 끝내 성공을 거두진 못했지만, 자신의 삶과 재산을 바쳐 조국에 헌신한 진정한 애국자였다. 그의 호 '동명(東鳴)'처럼, 새벽을 알리는 울림은 지금도 많은 이들에게 깊은 울림을 주고 있다.

'특별 영주자'라는 이름의 유예된 시민

한일 협정 이후 일본 정부는 재일 조선인을 위한 체류 자격 제도를 일부 마련했으나, 그 핵심은 '임시적 조치'에 불과했다. 대표적인 것이 1982년부터 도입된 '특별영주자 제도'다. 이는 한일 협정 이전부터 일본에 거주하던 재일 조선인 및 그 후손에게 체류 자격을 부여하는 제도였지만, 여전히 시민권을 수반하지 않는 제한된 권리만을 제공했다.

특별영주자는 일반 외국인보다 몇 가지 혜택을 받기는 했지만, 정치 참여(선거권, 피선거권)에서는 완전히 배제되었고, 공무원 시험, 사회보장 혜택 등에서도 일본인과 동일한 권리를 보장받지 못했다. 또, 정기적인 체류 확인과 재등록을 요구받는 등 국가의 감시 아래 존재하는 '준외국인'이라는 지위를 감내해야 했다.

이로 인해 재일 조선인들은 삶의 불안정성과 정체성 혼란 속에서 끊임없이 선택을 강요받는 위치에 놓였다. '한국 국적' 또는 '북조선계'라는 정치적 선택은 일본 사회에서의 차별과 결부되었고, 귀화는 '민족적 배신'으로 간주 되었다. 결국 재일 조선인은 국가도, 민족도 완전히 품지 않은 채 경계에 놓인 존재로 살아가야 했다.

교육권 투쟁과 민족학교의 명암

재일 조선인 사회는 차별 속에서도 자신의 언어와 문화를 지키기 위해 끈질긴 투쟁을 전개했다. 그 대표적인 사례가 바로 조선학교 설립 운동이다. 해방 이후부터 재일 조선인은 스스로의 손으로 민족학교를 세우고, 아이들에게 조선어와 역사를 가르치려 했다. 그러나 일본 정부는 이를 허용하지 않았다. '교육은 국가 통제 아래 있어야 한다.'는 논리로 조선학교를 비인가 학교, 즉 정식 교육기관으로 인정하지 않았다.

이로 인해 조선학교 출신 학생들은 일본 내에서 대학 진학이나 취업에서 불이익을 받았고, 국가가 제공하는 교육 지원금과 학비 보조 등에서도 배제되었다. 특히 2010년대 이후 아베 정권은 조선학교에 대한 고교 무상화 정책을 적용하지 않았고, 이는 '교육 차별'이라는 비판을 불러일으켰다. 이와 동시에 조선학교가 북조선과 연계되어 있다는 의혹이 꾸준히 제기되면서, 언론과 여론의 표적이 되기도 했다.

그럼에도 불구하고 조선학교는 여전히 재일 조선인 사회 내에서 민족 정체성 유지의 마지막 보루로 기능하고 있다. 민족 언어와 전통문화를 배우고, 공동체 의식을 형성하는 공간으로서 조선학교의 의미는 결코 작지 않다. 그러나 지속적인 재정난과 일본 사회의 냉대 속에서 그 미래는 불투명하다.

차별에 맞선 저항: 법정 투쟁과 시민연대

1990년대 이후, 재일 조선인 사회 내부에서는 차별에 대한 법적 대응과 시민적 연대를 강화하려는 움직임이 나타났다. 조선학교 무상화 배제 철폐 소송, 공공시설 이용 거부에 대한 손해배상 청구, 특정 언론의 혐한 보도에 대한 정정 보도 요청 등 다양한 형태의 인권 투쟁이 전개되었다.

특히 혐한 시위와 관련한 소송에서는 중요한 판결들이 나오기도 했다. 일본 법원은 2013년 이후 몇 차례, 재일 조선인을 대상으로 한 '헤이트스피치'가 명백한 인종차별에 해당한다는 판결을 내렸고, 이를 통해 혐오 표현을 규제할 법적 근거가 마련되었다. 그러나 여전히 일본 사회 전반에는 '차별이 없다.'는 무지 혹은 무관심이 지배적이며, 혐한 정서는 SNS와 유튜브 등을 통해 은밀하게, 동시에 널리 확산되고 있다.

이런 가운데 일부 일본 시민사회는 재일 조선인의 인권을 옹호하며 연대의 손을 내밀고 있다. '조선학교를 지지하는 모임', '혐오에 반대하는 시민 행동' 등은 일본 내부에서 자성과 성찰을 바탕으로 한 움직임을 만들어가고 있으며, 이는 민족 간 대화와 이해의 실마리를 제공하는 중요한 전환점이 되고 있다.

21세기의 재일 조선인-탈이념 시대의 정체성 실험

세습된 경계: 3세, 4세의 새로운 질문

한반도에서 출생한 1세대 재일 조선인이 세상을 떠나고, 일본에서 태어난 2세대가 노년에 접어든 지금, 재일 조선인의 중심은 3세대, 4세대에게로 넘어가고 있다. 이들은 일본에서 나고 자라 일본어로 사고하며, 대다수가 일본 사회의 문화와 생활에 깊이 스며들어 있다. 그럼에도 불구하고 '일본인'이라 불리지 못하고, '어느 쪽에도 속하지 못한 존재'라는 인식을 여전히 안고 살아간다.

3세, 4세는 자신이 '재일 조선인'임을 태어나자마자 스스로 인식한 것이 아니라, 어느 날 외부로부터 차별이나 편견의 순간을 통해 정체성을 통보받는 경우가 많다. 이름 때문에, 출신 학교 때문에, 혹은 부모의 국적 때문에 '당신은 일본인이 아니다.'라는 말을 들으며 자신을 재정의하게 된다. 즉, 그들의 정체성은 선택이 아닌 사회적 낙인에 의해 각인되는 경우가 많다.

이념을 넘어서: '정치'가 아닌 '생활'의 민족성

기존 세대는 남북 분단의 이념 속에서 북을 지지하는 조총련, 남을 따르는 민단으로 나뉘어 조직화 되었지만, 젊은 세대는 그와 다른 지점에서 정체성을 모색하고 있다. 그들에게 남과 북은 점점 낯설고 먼 존재가 되고 있으며, 조국이라는 개념 또한 더 이상 하나의 상징으로 작동하지 않는다. 오히려 자신이 살아가는 도시, 동네, 직장에서 마주하는 일상의 차별과 소외가 정체성 인식의 핵심이 되고 있다.

이러한 흐름 속에서 3세, 4세대는 '나는 누구인가'라는 질문을 이념적 국적이 아니라 언어, 이름, 피부색, 교육, 기억, 가족의 역사라는 다층적 요소를 통해 사유하고 있다. 재일 조선인이라는 이름은 더 이상 하나의 단일한 정체성을 가리키지 않으며, 오히려 복수의 문화적 정체성과 상처의 기억이 중첩된 정체성 실험의 장으로 바뀌고 있다.

새로운 문화적 언어로 말하기: 영화, 문학, 음악

21세기 이후, 젊은 재일 조선인 세대는 정치 조직이나 집회가 아닌, 문화적 표현의 장을 통해 자신들의 목소리를 내기 시작했다. 영화, 다큐멘터리, 문학, 힙합, 연극 등의 장르를 통해 그들은 '재일'이라는 이름을 다시 써 내려가고 있다.

예컨대 재일 조선인 3세 감독 양영희는 다큐멘터리 〈디어 평양〉, 〈굿바이, 평양〉 등을 통해 조총련 가정의 삶과 북에 보낸 가족의 운명을 카메라에 담았다. 그의 작업은 단순한 개인사 고백이 아니라, 이념의 그림자가 드리운 가족사의 복원이며, 이를 통해 관객은 재일 조선인의 복잡한 내면과 삶의 조건을 이해하게 된다.

또한 문학계에서는 작가 김시종, 유미리, 리즈 오지 등의 작품을 통해 '경계인의 언어'가 꾸준히 생산되고 있다. 이들의 글은 일본어로 쓰이지만, 그 내용은 일본이라는 나라가 받아들이지 않은 존재들에 대한 증언이자 반론이다. 특히 유미리의 작품은 내셔널리즘에 대한 비판과 타자화된 존재의 고통을 집요하게 다루며 일본 문단 내에서도 강한 울림을 준다.

음악 분야에서는 재일 조선인 청년들이 힙합과 랩을 통해 자신들의 이야기를 전하고 있다. 일본의 혐한 정서를 비판하거나, 조선학교에서 받은 교육과 차별의 경험을 음악으로 풀어내며, 그들은 자신들의 뿌리와 현재를 연결하는 감각적인 언어를 새롭게 만들어가고 있다.

혐오에 맞서, 기억을 지키는 시민들

동시에 재일 조선인을 향한 혐오는 여전히 현재진행형이다. 특히 2010년대 이후 일본 내 우익 성향 정치인의 대두와 '헤이트스피치'의 확산은 재일 조선인을 또 한 번 차별과 배제의 대상으로 만들었다. 조선학교 학생들이 통학 중에 욕설과 돌을 맞고, 역사 왜곡 발언이 공공연히 정치권에서 나오는 현실은 여전히 민족적 긴장을 증폭시킨다.

그러나 이와 맞서 싸우는 새로운 시민 연대도 생겨났다. 일본인 학부모들이 조선학교를 지지하고, 법률가와 언론인이 조선학교 무상화 소송을 돕는가 하면, 대학과 박물관에서 재일 조선인 역사를 교육하고 보존하려는 노력이 꾸준히 이어지고 있다. 이는 과거와 현재를 잇는 기억의 투쟁이자, '역사로서의 재일'을 공동의 유산으로 재구성하려는 시도라고 볼 수 있다.

'나는 재일입니다'라는 선언의 의미

오늘날 재일 조선인이라는 말은 단일한 의미로 환원될 수 없다. 그것은 과거 식민지 지배의 잔재이자, 분단의 산물이며, 동시에 현대 일본 사회의 포용성과 다양성을 시험하는 리트머스지와 같은 존재다. 그런 점에서 '나는 재일이다.'라고 말하는 것은 단지 출신을 말하는 것이 아니라, 과거의 역사와 현재의 차별, 그리고 미래의 가능성을 함께 말하는 선언이다.

이 선언은 더 이상 국가나 조직에 의해 주어진 정체성이 아니라, 개인이 사회와 세계 속에서 선택하고 구성해 나가는 정치적, 문화적, 정서적 정체성의 총합이다. 그리고 이 선언을 가능하게 한 것은, 오랜 세월 차별과 억압 속에서도 언어를 지키고, 기억을 보존하고, 목소리를 내기 위해 싸워온 수많은 재일 조선인들의 삶과 투쟁 덕분이다.

북송선에 오른 사람들: '귀향'이라는 이름의 탈출

1959년부터 약 20년간 지속된 북송 사업은 재일 조선인 역사에서 가장 비극적인 장면 가운데 하나다. 조총련과 북한 당국, 그리고 일본 적십자사가 중심이 되어 벌인 이 사업은 '차별과 가난의 일본'에서 '약속된 낙원의 조국'으로 돌아가자는 구호 아래 진행되었다. 실제로 약 9만 3천 명에 이르는 조선인들과 약 6천 명의 일본인 아내들이 이 배에 올랐다.

이들은 북송선을 타기 전까지 "북한에서는 무료 의료, 무료 교육, 주택 제공이 보장되며 진정한 동포로 대우받는다."는 선전에 설득되었다. 특히 일본 사회에서 차별받고 삶의 희망을 찾기 어려웠던 많은 재일 조선인 청년과 노동자들이 '조국에서의 제2의 인생'을 꿈꾸었다. 일본 정부 역시 이들을 환영하지 않았고, 오히려 이들을 '문제 집단'으로 간주하며 북송을 조장하는 입장이었다.

그러나 이들이 도착한 곳은 '낙원'이 아니었다. 북한은 이들을 외화벌이를 위한 도구로 여겼고, 감시와 통제 속에서 일상적인 생활조차 자유롭지 않았다. 특히 일본어를 할 줄 안다는 이유만으로 정치적 의심을 받는 경우도 많았고, 일부는 수용소에 끌려가 고문과 처형을 당하기도 했다. 심지어 북송된 일본인 아내들조차 이질적인 존재로 취급받았고, 재입국은 거의 불가능했다.

시간이 흐르면서 북송자들의 실상이 외부로 알려졌고, 탈북자 중 일부는 다시 일본으로 돌아오기도 했다. 이들의 증언은 조총련과 북송 운동에 대한 근본적인 비판으로 이어졌으며, 재일 조선인 사회 내에서도 조총련의 위상은 급격히 하락했다.

이처럼 북송 사업은 단순한 '귀국'이 아니라, 이념과 현실의 모순, 그리고 국가와 개인의 운명이 충돌한 역사적 사건이었다. 이로 인해 가족이 갈라지고, 수많은 이들이 낯선 땅에서 절망 속에 삶을 마감했다.

한편, 1980년대 이후 일본 사회 전반의 국제화 흐름 속에서 재일 조선인의 정체성도 변화하기 시작했다. 일부는 일본 사회에 적극적으로 참여하며 일본 국적을 취득하거나 귀화를 선택했고, 다른 일부는 한국 국적을 유지하며 민족 정체성을 강화해 갔다. '재일 코리안'이라는 용어가 등장한 것도 이 시기였다. 기존의 '조선인' 혹은 '한국인'이라는 경직된 틀을 넘어서, 일본에 뿌리를 둔 독자적인 문화와 정체성을 가진 사람들로 인식되기 시작한 것이다.

특히 1990년대 이후에는 문화예술, 학문, 스포츠 등 다양한 분야에서 재일 코리안 출신 인사들이 두각을 나타냈다. 작가 유미리, 영화감독 양영희, 배우 오다기리 죠와 같은 인물들은 일본 사회 내 소수자 정체성을 드러내며, 사회적 편견에 맞서 싸우는 목소리를 내기 시작했다. 이들은 재일 조선인의 삶을 예술로 형상화하며, 일본 내에서 차별과 경계의 문제를 공론화하는 데 크게 기여했다.

하지만 여전히 차별과 혐오는 사라지지 않았다. 2000년대 이후 우익 단체와 혐한 시위대는 조선학교 앞에서 "조센징은 돌아가라."는 구호를 외쳤고, 조선학교에 대한 방화나 협박이 이어지기도 했다. 일본 정부의 차별적 정책, 언론의 무관심, 혐한 분위기의 조장은 재일 조선인들에게 깊은 상처를 주었다. 특히 2011년 동일본 대지진 당시 후쿠시마에 소재한 조선학교 학생들이 마스크와 방사능 측정기를 받지 못한 사건은 일본 사회의 차별적 민낯을 드러낸 대표적 사례였다.

정체성과 국적의 문제, 그리고 새로운 세대의 변화

재일 조선인 사회에서 가장 민감한 문제, 국적과 정체성

일제강점기 일본으로 이주한 조선인들은 해방 후에도 일본에 남았지만, 1948년 대한민국 정부 수립 이후 이들의 법적 지위는 불안정해졌다. 일본 정부는 이들을 '외국인'으로 간주했으나, 한국 국적 취득 여부는 정치적, 이념적 선택과 맞물려 복잡해졌다.

많은 재일 조선인은 북한 지지 성향의 조총련에 속하거나 무국적 상태인 '조선적'으로 남았으며, 이는 법적 보호와 사회적 권리에서의 차별로 이어졌다. 반면, 한국 국적을 택한 이들도 일본 사회에서 외국인으로 차별받는 현실은 달라지지 않았다.

1950~60년대에는 조총련과 민단 간의 갈등이 국적 문제를 넘어 재일 사회 내부의 분열을 심화시켰다. 그러나 1980년대 이후 일본 내 인권운동과 제도 개선이 이루어지면서, 특히 일본에서 태어난 3세대는 실용성과 안정성을 중시해 일본 또는 한국 국적을 선택하는 흐름이 나타났다.

문화는 살아 움직인다:
재일 조선인의 언어, 교육, 그리고 공동체

해방 이후 일본에 정착한 재일 조선인 사회는 한 세기가 흐른 지금, 문화적 전환의 갈림길에 서 있다. 세대가 바뀌면서 조선어와 전통문화는 점차 희미해졌고, 공동체의 삶은 개인 중심으로 변화하고 있다.

일본 정부는 오랜 기간 자국 중심의 교육 정책을 펼쳐 재일 조선인의 언어와 민족 교육을 억눌렀다. 이에 맞서 조총련은 조선학교를 세워 조선어 교육과 정체성 유지를 시도했으나, 정부의 지원은 거의 없었고 정치적 성향으로 인해 한국 측과도 협력하지 못했다.

조선학교는 한때 재일 조선인 문화의 핵심 공간이었지만, 차별 우려와 사회적 불이익 때문에 많은 부모가 자녀를 일본 공립학교에 보내면서 학생 수는 급감했다. 그 결과 가정 내에서도 일본어가 주 언어가 되었고, 조선어는 더 이상 자연스러운 소통 수단이 아닌 '배워야 하는 외국어'로 인식되고 있다.

과거 재일 조선인들이 밀집해 살던 지역 공동체는 도시화와 세대 변화 속에서 해체되었고, 명절이나 전통 예식도 사라지고 있다. 하지만 완전한 단절은 아니다. 일부 젊은 세대는 K-POP과 한국 드라마를 통해 한국어를 자발적으로 배우며 정체성을 새롭게 모색하고 있다. 이들에게 한국어는 뿌리의 상징이자 글로벌한 문화 소통의 도구다.

일부 지방정부는 조선학교 지원과 다문화 교육 확대에 나서며 일본 사회 전체가 공존의 필요성을 인식하기 시작했다. 동시에, 일본 국적을 가진 한국계 젊은이 중에는 두 문화를 융합하며 '한국인도 일본인도 아닌' 새로운 존재로 자신을 규정하는 흐름도 나타나고 있다.

결국 문화는 고정된 전통이 아니라 시대에 따라 재구성되며 살아 움직이는 것이다. 재일 조선인 사회는 과거의 기억을 품은 채, 변화 속에서 정체성과 문화적 좌표를 새롭게 그려가고 있다.

여기서 재일 조선학교에 대해서 좀 더 알아보기로 하자

2022년 현재 조선학교는 일본 전국에 약 60여 개 학교가 남아 있고, 유·초·중·고·대학교까지 민족교육 체계를 유지하고 있으며 패전 후 초기 4만여 명에 달했던 조선학교 학생은 약 7,000여 명으로 줄어들었다.

조선학교의 재정은 전적으로 수업료와 동포들의 기부로 꾸려지고 있다. 북으로부터의 재정 지원은 계속되고 있으나 매년 1억 엔 정도로서 현재는 소액의 장학금, '교과서' 제작과 인쇄에 그치고 있다. 최근 줄어드는 학생 수와 지자체의 교육보조금 동결, 일본 정부의 제도적 차별 등 많은 요인이 겹쳐 학교 재정은 악화일로이다.

학제는 우리나라와 동일한 6, 3, 3, 4제로 되어 있으며 1학기(4월~7월 중순), 2학기(8월 말~12월 중순), 3학기(1월 초순~3월 중순)로 구성. 일본 학교의 경우 소학교, 중등학교, 고등학교라 표현하지만, 조선학교는 초급학교, 중급학교, 고급학교라 한다.

지역별로는 규슈에서 홋카이도까지 전국적으로 분포해 있으며 약 60개의 학교가 운영되고 있다. 조선대학교 1개교, 고급학교 10개교, 중급학교 32개교, 초급학교 51개교, 유치원 40개교로 총 134개교이다. (2021년 현재)

수업 내용은 조선학교 초기부터 현재까지 변화하는 한반도와 일본 사회, 재일 조선인 사회에 발맞추어 꾸준히 변모하고 있다. 초기에는 '귀국'을 전제로 한 교육이었다면 현재는 일본 '정주'를 전제로 한 교육에 초점을 맞추고 있다. 국어, 역사, 사회, 음악 등 이른바 「민족과목」을 제외하면 대부분이 일본 학교와 유사하다. 수업은 '일본어' 수업을 제외하면 모두 우리말로 진행된다.

'일본 땅에서 당당한 조선 사람으로 살아갈 수 있도록' 교육하는 것이 조선학교의 교육 목표이자 이념이다. 이를 위해서 조선학교는 '집단주의 교육'을 주요 방법으로 택하고 있다. 예를 들면, 일본 학교에서 조선학교로 편입한 학생을 위해 교과서를 일본 말로 번역해 주기, 우리말 100% 달성을 위해 모두가 우리말로만 대화할 때, 우리말이 서툰 동무를 위해 그 동무만 면제해 주기, 무지각 무결석 운동을 학급 차원에서 달성하기 위해, 지각과 결석이 잦은 동무를 순번을 정해 함께 등교하기, 개인이 아닌 학급 전체의 평균 성적으로 다른 학교, 다른 학급과 경쟁하기 등이 있다.

조선학교 학생들에게 우리 학교의 가장 좋은 점이 무엇이냐 물으면 으레 "하나는 전체를 위하여 전체는 하나를 위하여"라고 대답한다. 혼자서는 '조선 사람으로서 당당하게 살아갈' 수가 없다는 사실을 학교에서 배우는 것이다.

필자가 몸담고 있는 평화누리협동조합은 좌우 이념을 떠나 재일 조선학교 지원 방안을 구상하고 있다. 그 한 방안으로 우선 일본 대도시 중심으로 조선학교에서 학교 협동조합을 설립하도록 제안, 지원하여 학생과 교직원 학부모 그리고 지역 내 일본인들도 조합원을 구성토록 한다. 이렇게 구성된 조선학교 협동조합에 한국서 생활용품(기초 화장품), 식품, 학용품 등을 컨테이너로 보내어 (첫 회분은 무상으로) 이를 현지 학교 조합에서 판매하여 이에 따르는 수익금을 부족한 학교 재정에 충당토록 하자는 것이다.

혐한을 넘어, 공존의 길로

일본 사회 속 소수자로 살아간다는 것

재일 조선인으로 일본에서 살아간다는 것은 여전히 쉽지 않다. 몇 세대째 일본에 살고 있음에도 '영원한 외부인'으로 여겨지며, 일상적인 차별과 노골적인 혐오에 직면하고 있다. 2000년대 이후 인터넷의 확산은 극우 성향의 '넷우익'과 같은 집단을 키웠고, 이들은 재일 조선인을 향해 혐오 발언과 시위를 이어갔다. 대표적인 예가 '재특회'의 조선학교 및 코리아타운 대상 시위였다.

그러나 시민사회는 이에 맞서기 시작했다. 가와사키시에서는 혐오 시위를 금지하는 조례를 제정했고, 일부 법정 투쟁은 차별에 대한 사회적 인식을 바꾸는 계기가 되었다. 2016년 일본 정부가 제정한 '혐오 표현 해소법'은 실효성에는 한계가 있지만, 문제의 존재를 공식화했다는 점에서 의의가 있다.

현실 속 차별은 여전히 존재한다. 조선학교 교복을 입었다는 이유로, 혹은 이름 하나 때문에 취업이나 주거에서 불이익을 겪는 일은 흔하다. 인터넷 공간 역시 혐오 표현이 사라지지 않고 있다.

그럼에도 변화의 조짐은 분명하다. 일부 지역에서는 다문화 교육과 민족 이해 교육이 확대되고 있고, 한국어 수업 개설이나 일본 학교와 조선학교 간 교류도 늘어나고 있다. 영화, 문학, 연극 등 문화 콘텐츠는 재일 조선인의 삶을 조명하며 공감을 이끌어내고 있다.

특히 젊은 세대는 국적보다 '사람됨'과 '공존의 가치'를 중시하며, 혐오에 비판적으로 반응한다. 다양한 플랫폼을 통해 열린 감각을 키우며, 사회 전체의 감수성도 달라지고 있다.

재일 조선인의 인권 투쟁은 한 집단만의 문제가 아니라, 일본 사회의 민주주의와 인권 의식을 가늠하는 척도이자, 세계 곳곳 소수자들의 현실과 연결된 인류 공동의 과제이다.

변화의 길목에 선 재일 코리안

공동체의 재구성, 그리고 미래의 가능성

100년 넘게 일본에 뿌리내린 재일 조선인 사회는 이제 큰 전환점에 놓여 있다. 식민지 시기 강제 이주에서 출발한 이 공동체는 전쟁과 해방, 분단과 냉전, 일본 사회의 변화 속에서 끊임없이 정체성을 재정립해 왔다. 이제 이들은 단지 과거의 유산을 지키는 이들을 넘어, 미래를 주체적으로 살아가는 문화적 주체로 변모하고 있다.

오늘날 재일 조선인 사회는 단일한 정체성으로는 설명할 수 없다. 조총련의 민족 교육을 지키는 이들, 한국 국적을 택한 민단 계열, 일본 국적으로 살아가는 이들, 그리고 다문화 가정에서 자란 새로운 세대까지 다양하다. 특히 젊은 세대는 '어디에 속하느냐'보다 '어떻게 살아갈 것인가'를 더 중요하게 생각한다. 이들은 한국인도 일본인도 아닌, '재일 코리안'이라는 복합적 정체성을 스스로 정의하고 있다.

일본 사회 또한 점차 변화하고 있다. 혐한 정서와 차별이 여전히 존재하지만, 일부 지자체는 다문화 정책을 강화하고, 학교 현장에서도 다양성을 존중하려는 움직임이 확산되고 있다. 다문화 도시에서는 지방참정권 보장과 언어 지원, 공공서비스 개선이 시도되며, 그 중심에 재일 조선인을 비롯한 다양한 소수자들이 있다.

이러한 변화 속에서 재일 조선인은 세 가지 가능성을 보여준다.

첫째, SNS와 유튜브 등을 통해 젊은 세대가 민단·조총련의 틀을 넘어 유연하고 자율적인 공동체를 형성하고 있다.

둘째, 오랜 다문화 구성원으로서 일본 사회가 외국인과 공존하는 데 필요한 경험과 자산을 지니고 있다.

셋째, 한국·북한·미국·중국 등 다양한 디아스포라와의 네트워크를 통해 글로벌 정체성을 확장하고 있다.

물론 국적 문제, 고령화, 공동체의 약화, 일상 속 차별 등 여전히 넘어야 할 과제도 많다. 그러나 중요한 것은 이들이 과거에 머물지 않고, 끊임없이 변화하고 있다는 점이다. 재일 조선인은 이제 일본 사회 속 주변인이 아니라, 일본과 세계를 연결하는 주체적 시민으로 자리매김해가고 있다.

경계를 살아가는 사람들

재일 조선인의 역사는 단순히 일본에 사는 한민족 후손들의 이야기가 아니다. 이는 제국주의, 식민 지배, 전쟁과 분단, 냉전과 글로벌 자본주의라는 역사의 소용돌이 속에서 '국가'와 '정체성', '경계'의 문제를 살아낸 사람들의 이야기다.

그들은 일본 땅에 뿌리를 내리면서도, 끊임없이 '나는 누구인가', '왜 이곳에 남아 있는가'라는 질문을 던져 왔다. 이 질문은 세대를 거쳐 형태는 바뀌었지만, 소속과 배제, 기억과 정체성의 문제로 이어졌다.

강제 이주의 상처로 시작된 이 공동체는, 해방 이후 분단과 냉전의 틈바구니에서 국적과 이념의 벽에 부딪혔고, 일본 사회에서는 오랫동안 타자로 머물렀다. 그럼에도 재일 조선인은 언어와 교육, 문화와 연대를 통해 자신들만의 삶의 방식을 구축했다.

이제 우리는 그들을 단순한 피해자나 소수자로만 바라보아선 안 된다. 그들은 억압에 맞서 싸우고, 경계 위에서 살아남으며, 스스로의 문화를 재창조해 온 주체적 존재다. 새로운 세대는 국경과 혐오를 넘어서는 감수성과 다문화적 감각을 바탕으로 또 다른 정체성의 가능성을 열고 있다.

재일 조선인의 정체성은 더 이상 단일 민족에 갇히지 않는다. 일본인도, 한국인도, 북한인도 아닌 '경계인'으로서의 정체성을 긍정하는 이들의 모습은 오늘날 글로벌 시대의 보편적 과제를 우리에게 던진다.

"경계를 넘어 존재하라. 다름 속의 연대를 모색하라."

그 말은 지금도 조용히 자신의 삶을 재구성하고 있는, 이름을 바꾸고 언어를 바꾸었지만 여전히 '코리안'으로 살아가는 이들의 삶에서 울려 퍼지고 있다.

최근의 국제사회 흐름을 보면 일본 내 한국어 학습 열풍이 대단하다고 한다.

특히 일본 10~20대 젊은 층을 중심으로 한국어 배우기가 빠르게 확산되고 있으며 BTS, 아이돌, 한국 예능 프로그램 등의 영향으로 한류

문화에 대한 관심이 한국어 학습 증가에 기여하고 있다

일부 유튜브 영상들과 온라인 커뮤니티에서는 한국어를 '중독' 수준으로 배우는 일본 청소년들이 늘고 있다고 보도되기도 했다

한국어 강사의 인기가 급상승하며, 과외나 그룹스터디 형식의 소규모 수업이 유행하고 있을 정도이다. 그리고 최근에는 일본 수능 시험에 한국어 선택 과목 도입 논의가 이뤄졌을 만큼 사회적 관심이 확산 중이다

일본 여성의 한국 남성과 결혼 선호 증가

한국 통계청의 '2024년 혼인·이혼 통계'에 따르면, 일본 여성과 한국 남성과의 결혼 건수는 전년 대비 40% 증가한 1,176건에 이르렀다고 한다. 이는 지난 10년간 가장 높은 수치로, 국제결혼 중 한국 남성-일본 여성 커플이 급증한 가운데 나온 결과이다.

반면 한국 여성과 일본 남성 간의 결혼은 같은 기간 147건으로 감소했으며, 10년 전의 1/5 수준으로 크게 줄었다

한국 전체 혼인 건수는 10년 전보다 약 30% 감소했지만, 국제결혼 비율은 오히려 늘어나 전체 혼인의 약 10%를 차지하게 됐다. 특히 코로나19 대유행 이후 일본인과의 국제결혼이 약 13% 증가한 것으로 통계에 나타났다. 도쿄에는 한국인 남성과 국제결혼 중개소가 성업 중이라 한다.

일본 언론은 이러한 현상의 배경으로 한류 열풍과 한국의 경제력 향상을 주요 원인으로 꼽고 있다. 옛 드라마 '겨울연가' 이후 지속된 한류의 확산과 SNS 등 디지털 플랫폼을 통한 교류 확대가 문화 장벽을

허물었다는 분석이 있다.

전문가들은 일본 여성 중 상당수가 경제적 목적보다 한국문화에 대한 동경과 자아실현을 위해 자발적으로 한국 유학과 이주를 선택한다고 평가한다.

과거 일본으로의 이주가 많았던 한국 여성과 달리, 최근에는 일본 여성의 한국 유입 경향이 뚜렷해졌다. 한국 내 일본 여성들 유튜버들의 영상을 통해 심심찮게 볼 수 있는 게 그 증거 중 하나이다. 또한, 한국의 1인당 명목 GDP가 일본을 추월하면서 양국 간 소득 격차가 줄어든 점도 국제결혼 증가에 영향을 미쳤을 가능성이 제기되었다.

니혼게이자이신문(닛케이)은 국제결혼 확대 현상이 양국 민간 교류 강화에 기여할 수 있다고 평가하면서도, 정치·외교적 안정 유지가 필수적이라 지적했다.

양국 모두 저출산 및 결혼율 감소라는 공통 사회 문제를 안고 있어, 국제결혼은 새로운 해법으로 주목받고 있다. 그러나 문화적·언어적 차이, 비자 절차, 사회적 인식 등의 과제도 여전히 존재한다.

일본 내 한국어 학습 열풍은 단순 문화 소비를 넘어 결혼, 취업, 이주와 연계된 실질적 흐름으로 이어지고 있다. 따라서 향후 양국은 교육 교류, 언어 지원, 사회 통합 제도 등을 강화해 변화하는 국제결혼 및 문화교류 흐름에 적절히 대응할 필요성이 있다.

지식인으로서 재일 조선인, 서경식 교수(徐京植, 1951-2024)

재일 조선인 2세, 문학평론가, 인권운동가, 교수이다.

서경식은 1951년 일본 교토에서 태어난 재일 조선인 2세로, 평생을 일본 내 소수자의 인권과 정체성 문제에 천착한 지식인이었다. 와세다대학교에서 프랑스 문학을 전공하고, 이후 도쿄경제대학 교수로 재직하면서 문학, 철학, 예술을 매개로 역사적 기억과 디아스포라의 문제를 깊이 있게 탐구했다. 2006년 봄에 성공회대학교 연구교수로 한국에 와서 2년간 체류하였다.

그는 재일 조선인으로서 겪은 정체성의 혼란과 차별의 경험을 토대로, 그간 알려지지 않았던 재일 조선인에 대한 '국가', '역사', '기억'의 폭력에 저항하는 글쓰기를 지속했다. 대표 저서로는『나의 서양미술순례』,『디아스포라 기행』,『소년의 눈물』,『폭력과 기억』 등이 있으며, 이들 작품은 일본 사회의 억압적 민족주의를 비판하고, 한국과 일본, 나아가 동아시아의 화해와 공존을 모색하는 데 기여했다.

특히 1990년대 이후 그는 '디아스포라적 사유'를 통해 국경과 민족이라는 경계 너머의 인간 존재와 연대를 강조했으며, 문학과 예술을 통해 고통받는 이들의 목소리를 대변했다.

서경식 교수는 2024년 작고했지만, 그의 글과 사상은 여전히 많은 이들에게 깊은 성찰과 감동을 주고 있으며, 재일 조선인을 비롯한 모든 디아스포라 공동체의 정체성과 존엄을 되묻는 중요한 지적 유산으로 남아 있다.

자본가로서 재일 조선인, 손정의(일본명: 손 마사요시. 1957년생)

그의 삶은 단순한 기업가의 성공 신화를 넘어, 식민지 조선에서 일본으로 건너온 재일조선인 가족의 생존기이자 정체성 투쟁의 역사다. 그의 생애는 식민과 전쟁, 해방, 차별과 빈곤, 그리고 자수성가의 극적인 궤적을 관통하며, 일본 사회 내 소수자로서의 정체성을 어떻게 극복하고 세계 무대에 자신의 이름을 각인시켰는지를 보여준다.

손정의의 할아버지 손종경은 일제강점기 조선 대구의 지주 출신이었으나 일본군에게 토지를 빼앗기고 가족과 함께 일본 규슈 탄광지대로 이주했다. 그곳에서 강원도 출신의 이원조와 결혼해 손정의의 아버지 손삼원(야스모토 미스노리)을 낳았다. 해방 직후 한국으로 돌아갔지만, 조선 사회 내 계급주의와 편견, 친척들의 멸시로 다시 일본으로 귀환했고, 이들은 규슈의 재일 조선인 빈민촌에서 밀주, 고리대금, 파친코 등 비공식 경제로 생존한다.

1957년 손정의는 그 가난하고 혼란스러운 환경 속에서 태어났고, 어릴 적부터 일본 사회의 차별과 조선인이라는 정체성 사이에서 갈등하며 자란다. 유치원 시절 일본 아이들이 던진 돌에 맞아 피를 흘리며 처음으로 자신이 '일본인이 아님'을 깨달았고, 국적 문제로 교사의 꿈이 좌절된 경험은 그에게 깊은 상처가 되었다. 그러나 좌절보다는 돌파를 택한 그는, 어린 시절부터 부모의 조언과 현실 인식을 바탕으로 '사업가'라는 현실적인 정체성을 선택한다.

중학생 시절 일본 맥도날드 창업자인 후지타 덴을 찾아가 직접 면담을 요청하고, "미래는 컴퓨터에 있다."는 그의 조언에 따라 미국 유학을 결심한다. 미국 유학 중 그는 다양한 인종이 본인의 이름과 민족을 당당히 드러내는 모습을 보며 큰 충격을 받고, 일본 성씨 '야스모토'를 버리고 본래의 성씨 '손'으로 살아가겠다고 선언한다. 이 결정은 단순한 이름 변경이 아니라, 일본 사회의 동화 압력에 대한 거부이자 정체성 수호의 결의였다.

고등학교를 조기 졸업하고 캘리포니아 버클리대에 입학한 그는 경제학과 컴퓨터공학을 전공했다. 매일 새로운 발명 아이디어를 떠올릴 정도로 열정적이었으며, 그중 휴대용 음성 번역기를 개발해 샤프에 100만 달러에 특허를 판매하며 첫 창업에 성공한다. 이어 게임기 유통 사업으로 20만 달러를 벌고, 졸업 후 일본으로 돌아가 소프트웨어 유통회사 '소프트뱅크'를 설립한다.

초기에는 좌절도 많았다. 전시회에서 성과 없이 자본을 소진했고, 동업자와도 결별했지만, 일본 대형 전자 유통사와의 계약으로 도약에 성공한다. 이후 마이크로소프트, 로터스, IBM, 썬마이크로시스템즈 등 미국 IT 기업들과 독점 계약을 맺으며 일본 소프트웨어 유통의 중심으로 떠올랐고, 소프트뱅크는 빠르게 성장했다.

그러나 과로로 인한 건강 악화로 비형 간염 판정을 받고 절망에 빠졌지만, 치료법을 찾아내 완치에 성공한다. 병상에서도 새로운 아이템을 구상한 그는 통신 시장의 허점을 파악하고 자동 요금 최적화 시스템 NCC박스를 개발, 대기업에 특허를 판매한다. 이어 일본 정부의 압박에도 불구하고 한국 성씨 '손'을 유지하며 귀화, 일본 시민권을 획득한다.

1994년 소프트뱅크는 상장하며 그는 일본 최고 부자 반열에 오른다. 벤처투자에도 뛰어들어 야후, 알리바바 등 수많은 유니콘 기업(성장 가능성이 크고, 아직 상장되지 않았지만 이미 기업 가치 조 단위 이상인 스타트업) 투자하며 세계적 투자가로 부상했다. 특히 알리바바에 대한 투자는 단 몇 분의 대화 끝에 이루어졌고, 이후 수백억 달러의 수익을 낳았다.

그러나 2000년 닷컴 버블 붕괴로 손정의는 자산의 95%를 잃으며 역사상 최대 손실을 본 인물이 되었지만, 좌절하지 않았다. 통신 사업으로 눈을 돌려 '야후BB', '소프트뱅크 모바일' 등 브로드밴드와 이동통신에 진출하며 일본 통신 시장을 흔들었다.

손정의의 삶은 끊임없는 정체성 투쟁과 생존의 역사다. 그는 일본도, 한국도 온전히 품지 못한 경계인의 위치에서 스스로 자신의 자리를 만들어냈고, '손'이라는 이름을 세계 시장에 각인시켰다. 그의 생애는 단지 성공한 재일 조선인의 이야기가 아니라, 식민의 유산과 사회적 소수자 정체성, 그리고 그것을 극복한 세계적 기업가의 이야기로, 오늘날 디아스포라 정체성의 상징적 증언이라 할 수 있다.

하와이 한인

    필자에게 하와이는 오래전에 영상을 통해서 나름의 관심 안에 있었다. Hawaii Five-O(하와이 5-0 수사대)는 미국의 수사 드라마로 1970년대 한국에서도 더빙되어 인기리에 방영되었고 필자도 학창 시절 매주 시청하였던 기억이 새롭다. 그리고 드라마의 주제곡이 '벤처스'라는 유명 밴드에 의해 매주 들을 수 있었던 것도 작은 즐거움이었다. 그 당시 이 드라마에서 아시아계 주.조연급 배우는 중국과 일본계였다. 2010년에 Hawaii Five-O 리메이크작이 같은 방송사인 CBS에서 방영을 시작하여 수년 전 시즌 7이 끝났다. 이 드라마에는 한국 교민 2세인 남,여배우가 각각 주연, 조연급으로 나오니 한국 대중문화의 미국 내 영향력이 커진 결과여서라고 본다.

    한편으론 몇 년 전 읽은 잡지에서는 초기 하와이 이민 시절에 한인 농부가 백인 농장주의 대저택에서 시중드는 일에 발탁이 되었다. 어느 날 한인이 큰 거실을 청소하고 있는데 백인 농장주 부인이 방금 목욕을 마치고 아무것도 걸치지 않고 한인 자신을 투명 인간 취급하여 전라로 거실을 걸어 다녔다고 했다. 그로부터 반세기가 지난 후 그 자리에 있었던 한인의 생각은 1910년대 백인들은 현지에 온 동양계 노동자를 사람이 아닌 개나 고양이 정도로 취급했던 것 같다고 했다. 우리가 지금도 개나 고양이를 의식하며 옷을 입거나 벗지 않는 것과 마찬가지로.

하와이 개요와 역사적 배경

하와이는 태평양 한가운데에 자리 잡은 군도로, 미 본토인 샌프란시스코에서 약 3,800㎞ 떨어져 있다. 총 8개의 주요 섬과 120여 개의 크고 작은 섬들로 이루어졌으며, 면적은 약 28,300㎢에 인구는 약 145만명, 주도인 호놀룰루에는 약 35만 명이 거주한다(2020년 기준).

하와이는 원래 폴리네시아계 원주민들이 이룬 독립된 왕국이었다. 그러나 19세기 중반부터 서구 열강의 경제적 이해가 집중되면서 하와이 왕국은 점차 외세의 영향 아래 놓이게 되었고, 1893년 미국인 상인과 군부에 의해 국왕 릴리우오칼라니 여왕이 폐위되면서 사실상 주권을 상실했다. 1898년에는 미국에 병합되었고, 1900년 미국의 속령으로 편입되었으며, 결국 1959년에 미국의 50번째 주로 공식 승격되었다.

주 산업은 한때 설탕과 파인애플 재배였으나, 주 승격 이후 본격적으로 관광산업 중심의 경제 구조로 변화했다. 현재 하와이는 세계적인 관광지로 탈바꿈하였다.

하와이는 다양한 민족이 공존하며 미국 안에서도 유독 아시아계 비율이 높은 지역 중 하나로, 이민의 역사가 깊다.

우선 19세기 중반 하와이 상황을 보자면 사탕수수 산업의 급성장으로 노동력 부족을 겪었다. 1852년 중국인 노동자가 유입되었고, 1882년 미국의 중국인 배제법으로 이들이 차단되자 1885년부터 일본인, 포르투칼인, 한국인 등 새로운 노동 인력이 필요했다. 19세기 말 조선은 심한 가뭄으로 흉년이었는데 몇 년째 흉년의 타격이 1902년 절정에 이르렀다. 해서 굶어 죽는 백성들이 속출했다. 기근, 가난, 청일전쟁(1894~95)과 러일전쟁(1904~05) 후 정치적 혼란으로 고통을 받았다. 많은 농민과 노동자들은 생존을 위해 해외 이주를 생각했고, 하와이는 높은 임금과 새로운 기회의 땅으로 주목을 받았다.

이에 주한 미국 공사 호러스 알렌은 하와이 시탕수수 농장주 협회와 조선 정부를 연결해 주었다. 이에 고종황제는 1902년 11월 궁내부 산하 수밀원을 설립, 이민을 조직화하도록 했다.

조선 말기인 1902년 12월 인천에서 출발한 최초 한인 이민단은 121명으로 구성됐다. 이들은 인천에서 일본 여객선을 타고 경유지인 일본 나가사키에 도착. 이들 중 102명만 신체검사에 합격하고 하와이행 선박 갤릭호에 옮겨탔다. 그리하여 첫 여정 구성원은 1902년 12월 22일 102명-남 56명, 여 21명, 어린이 25명-이었다. 주로 감리교 인천 교구 소속 (인천 내리교회) 교인들이 다수를 이루었다. 긴 항해 끝에 1903년 1월 13일 호놀룰루항에 도착하여 한국 역사상 처음으로 공적인 이민이었던 미주 한인 이민의 막이 올랐다.

이를 시작으로 1903년부터 1905년 사이 65회에 걸쳐 7,226명의 한인 이주자가 배를 타고 미국 땅에 도착했다.

당시 노동자를 모집하는 사무소는 의주, 평양, 서울, 원산, 인천, 목포, 부산에 있었지만, 다른 지방에 살고 있던 이들도 많이 신청하였다.

태평양 파도 너머의 섬, 하와이의 한인 (1903~1920)

당시 한인들이 도착한 하와이는 이미 미국에 병합된 식민지배지였다. 초기 한국인들은 사탕수수 농장에서 하루 12~14시간 고된 노동을 하며 월 15~16달러를 받았고, 숙소와 의료는 고용주가 제공했지만 노동 환경은 열악했다. 백인의 차별과 폭력, 언어 장벽 속에서도 이민자들은 공동체의 끈을 놓지 않았다.

정착하자마자 그들은 가장 먼저 교회를 세웠다. 신앙은 이들에게 정체성과 연대의 근거였다. 교회는 단순한 종교 공간이 아니라 모임의 장, 학교, 정보 공유처가 되었고, 이후 감리교는 하와이 한인사회의 중심으로 성장했다. 1904년 호놀룰루에 첫 공식 예배가 열렸고, 1905년 말까지 감리교회는 30여 개로 확산됐다. 같은 해에는 '한인소년기숙학교'가 개교하며 교육 활동도 본격화되었다.

이민 사회가 안정되자 이들은 자발적으로 상조회와 구호조직, 문화단체를 조직하기 시작했다. 그러나 국제 정세는 불안했다. 1905년 포츠머스 강화회의에서 미국은 일본에 한국을 양보하며 한반도 식민화에 협조했고, 이에 분노한 하와이 한인사회는 윤병구 목사를 특사로 파견하는 등 독립 외교에 나섰지만, 열강의 외면을 넘지 못했다.

1907년 고종이 헤이그 특사를 파견했지만 실패했고, 이는 곧 황제의 강제 퇴위로 이어졌다. 이 사건은 하와이 한인들을 더욱 결집시켰다. '합성협회'라는 항일 단체가 조직되었고, 이는 샌프란시스코의 공립협회와 결합해 1909년 국민회라는 조직으로 통합되었다. 국민회는 단순한 애국단체를 넘어 해외 교민의 법적·사회적 보호 기구로 기능하며, 교육·복지·비자 발급까지 맡는 사실상의 한인 자치기관이었다.

이 같은 시기에 일어났던 스티븐스 저격 사건을 보자면 1908년 한인사회는 샌프란시스코에서 미국인 외교관 더램 화이트 스티븐스의 망언 즉 "일본의 한국 점령을 지지한다."는 말에 분개하여 하와이에서 이주해 온 장인환과 전명운이 스티븐스를 저격하였다. 전명운은 난투 끝에 부상을 당하여 병원으로 후송되었고, 공판이 있은 뒤 석방되었다. 장인환은 25년 형을 선고받았지만 10년 복역 후 모범수로 가석방되었다. 한인 단체들은 그들의 변호 비용을 기꺼이 지원해 주었다.

이 시기 박용만은 하와이에서 독립군 장교를 양성하기 위한 군사훈련소 설립을 추진하였고, 국민회의 적극적인 후원 아래 1914년 오아후에서 '대조선국민군단'이 창설되었다. 약 300명의 청년들이 독립전쟁의 꿈을 안고 입단 맹세를 하였다.

또 다른 이주 흐름은 '사진 신부'라 불린 여성들로부터 이어졌다. 1910년대에 접어들며 하와이 한인 남성들은 조국에 머물고 있던 여성들과 사진을 주고받으며 결혼하였다. 약 950여명의 여성들이 이 결혼을 통해 하와이로 입국하였고, 이는 가족 단위 정착과 한인 2세대의 탄생으로 이어졌다. 사진 신부들의 등장은 단순한 이민의 확장이 아닌, 한인 공동체의 뿌리 내림이었다.

1913년 프린스턴대학을 졸업한 이승만도 하와이로 왔다. 국민회의 요청에 따라 무보수로 기숙학교 교장을 맡았고, 이후 하와이 교민 사회에서 정치적 영향력을 키워갔다. 그러나 박용만과의 갈등, 교회와 단체 간의 분열이 이어졌고, 이로 인해 교민 사회의 균열이 심화되기도 했다.

그럼에도 불구하고, 하와이 한인들은 이민의 현실과 조국의 고난을 외면하지 않았다. 제1차 세계대전, 3.1운동, 대한민국 임시정부 수립과 함께 이들은 공채를 구매하고, 독립운동 자금을 보내며, 외교전을 병행했다. 하와이 한인사회는 외롭고 고단한 이국의 이민자였지만, 민족사에서는 조국을 품은 디아스포라의 전위대였다.

두 번째 물결, 새로운 세대의 탄생
(1920~1930년대 후반)

1920년대에 접어들며, 하와이의 한인 공동체는 다시 한번 전환기를 맞았다. 하와이 코리아타운이 와이하와에서 형성되어 갔다. 한국인들은 1909년 사탕수수 농장 파업 후에 이주를 시작하여 1차 대전이 일어나기 전까지 오아후섬 중앙 고원지대 와이하와로 모이게 됨으로서 코리아타운으로 변해 갔다.

파인애플 농장이 타운 인근에 있어 농장에 관련된 일거리를 얻었다. 또 가까이 있는 부대 군인들을 상대로 다양한 일거리가 있었다. 한인들은 세탁소나 양복점을 하거나 가정부, 판매원, 트럭 기사, 정원 관리사 같은 일을 하였다. 군부대 덕분에 한인 2세들은 사무직으로 일을 할 기회도 생겼다.

이 타운에서 한인들은 처음으로 넓은 지역을 차지하고 토지를 소유하였다. 즐거운 일이든 슬픈 일이든 좋든 나쁜 일이든 모든 이들이 서로 잘 알고 있을 정도로 이 타운은 작고 유대 관계가 친밀하였다.

이 시기 이민 1세들은 자녀 교육을 통해 다음 세대의 미래를 설계했고, 공동체의 구심점은 더 이상 단순한 생존이 아닌 발전과 존속으로 옮겨가고 있었다.

이 무렵 가장 눈에 띄는 변화는 한인 2세의 등장이었다. 부모 세대의 희생 속에서 자란 이들은 미국식 교육을 받으며 자라났고, 하와이 대학교에 진학하거나 전문직으로 진출하였다. 그러나 외국인 신분이라는 법적 장벽은 여전했다. 일부는 변호사 자격시험조차 응시할 수 없었고, 교직이나 공무원 진출에도 제약을 받았다. 그래도 포기하지 않았다. 양복 기술을 배우거나 부동산업에 뛰어들었고, 여학생들은 간호사로 일하면서 가정 경제의 한 축을 떠받쳤다.

문화적으로도 변화가 일었다. 하와이 한인 기독학원의 학생들은 1923년 야구단과 관현악단을 구성해 고국을 방문했고, 이 여행은 단순한 공연을 넘은 민족 정체성의 재확인이었다. 야구단의 한 학생이 한국에서 홈런을 쳐 일약 영웅이 되었고, 귀국 길에 예정된 일본 경기는 대지진으로 무산되었으나 그게 행운이었고, 이들은 하와이 한인사회의 자랑이 되었다.

한편, 사진 신부들이 형성한 여성 중심의 공동체는 이 시기 경제와 사회의 새로운 활력소가 되었다. 그들은 하와이의 언어와 문화를 익히고, 하숙집 운영, 채소 장사, 부동산 매입 등을 통해 가계를 이끌었다. 일부는 고향이 같다는 이유로 부인회를 조직해 긴밀한 유대 관계를 형성하고, 독립운동 자금 모금에도 나섰다. 법적인 주체자가 된 자녀 명의로 토지를 구입한 사례도 많았다. 남편들이 고령화되자 자연스럽게 경제적 주도권은 여성으로 넘어가게 되었다.

상해에 대한민국 임시정부가 세워지자 하와이에서는 이를 지원하기 위하여 즉각적으로 공채를 판매하기 시작하였고, 임시정부는 해외 한인의 인구 조사를 실시하였다. 상해 임시정부는 한인들에게 독립 기부금을 보내 달라고 간청하였다.

이승만은 1919년 4월 임정 국무총리(그는 대통령이란 직함을 더 선호)로 당선된 후에도 미국에서 개인적으로 임시정부 모금 운동을 벌이고 있었다. 그는 상해로 가서 취임을 하고 내각과 협의하는 일을 1년 이상 미루고 있었다. 상해로 가는 대신 이승만은 1년 동안 미 대륙을 동분서주하면서 개인의 지지층을 만들어 나갔다. 1920년 6월 이는 맨 액트(Mann Act. 유색 인종이 여성과 함께 주 경계를 넘어서는 여행 금지법)를 위반했다고 미 노동부가 이승만을 고소하여 상해행은 더 늦어져 이를 수습 후 1920년 11월 상해로 떠났다.

이승만의 활동은 1920년대 내내 하와이 교민 사회의 중심 이슈였다. 그가 대한민국 임시정부 대통령으로 추대된 이후 하와이에 교민단을 조직하고, 국민회와의 충돌 속에서 자산을 이관받았다. 이어 '구미위원부'를 조직해 독립 자금을 모금하였고, 미국 워싱턴에 준영사관도 세웠다. 그러나 이러한 일련의 움직임은 기존 단체들과 충돌을 낳았고, 이승만의 일방적 리더십은 비판을 받았다. 특히 그가 운영한 '동지식산회사'는 기대만큼 성과를 내지 못했고, 그에 따라 5년 안에 파산을 맞게 된다.

안창호는 1924년 12월 하와이를 방문하였다. 이 시기는 교민단이 해체되기 시작하였을 때라는 것을 알 수 있다. 안창호는 끝까지 국민회를 지키는 회원들과 교민단을 따로 만날 수밖에 없었다.

하와이 한인들의 사회활동도 이 시기 다양화되었다. 고등학생, 대학생, 청년층을 중심으로 종교나 정치와 무관한 순수한 친목 단체들이 등장했다. '델타회'는 젊은 남학생들을 중심으로 생겼고, 이후 여성 회원도 포함되며 지역 커뮤니티 단체로 발전하였다. '조미구락부'는 복지사업에 집중하며 묘지관리, 장례 지원 등 실질적인 삶의 문제에 깊이 관여하였다. 흥미로운 점은 이들 단체 회원 자격이 조상을 통해 하와이 이민 1세대임을 증명해야 한다는 점이었다. 이들은 역사적 연원을 자긍심으로 삼으며, 한인 2세 정체성을 강화하였다.

종교계에서는 교회가 여전히 구심점 역할을 했다. 하지만 교인 간 지방색에 따른 갈등도 심화되었다. 이에 1930년대에는 '지역 출신을 묻지 말자'라는 목회자의 호소도 있었다. 하와이 한인사회의 내적 분열이 점차 외적으로 표출된 시기였다.

이승만은 '동지촌'을 중심으로 자립 공동체를 꿈꿨지만, 사업의 연이은 실패로 실망한 교민들이 등을 돌리기 시작했다. 동지회는 그를 지지했지만, 국민회와의 관계는 악화 일로였고, 법정 분쟁도 이어졌다. 결국 이승만은 본토에서 자신의 지지자들을 다시 불러 하와이에서 회의를 시도하지만, 더 이상 세력을 회복하지 못했다.

하지만 젊은 세대는 이와 다른 길을 선택했다. 교회 중심이 아닌 독립된 단체, 정치 대신 교육과 봉사 중심의 단체가 등장하면서 한인 2세는 부모 세대와는 다른 정체성을 형성해 갔다. '한인대학생회'는 교회에 속하지 않은 전문직 청년들이 모여 설립한 단체였고, 기금을 조성해 하와이와 한국 양쪽에 기부를 진행했다. 또 '태극회'는 자선과 문화 활동에 중점을 둔 친목 모임으로 장학사업, 병원 지원, 공연 활동 등을 이어갔다.

하와이 한인사회는 1930년대에 접어들며 미국적 생활양식에 익숙해졌고, 외형상 안정을 이루었지만, 내부적으로는 분열과 통합을 반복하며 한민족 정체성을 지켜가려고 애썼다. 한편으로는 이승만의 귀환과 그를 중심으로 한 세력 재편이, 다른 한편으로는 2세대의 미국화와 탈정치화가 공존했던 시기였다.

역사적으로 이 시대는, '낯선 땅에 뿌리 내린 1세대'가 자리를 잡고, '말과 생각이 달라진 2세대'가 어깨를 펴기 시작한 이민 공동체의 전환기였으며, 민족적 정체성과 현지 사회 적응 사이에서의 문화적 줄타기가 본격화된 시점이었다.

그리고 하와이 준주 인구 조사에 의하면 1930년 18세 이하의 한인 인구는 2,900명 정도였다. 1910년대 약 950명, 1910년 이전에 약 670명이 태어났다. 1930년 한인 총인구는 6,500명 정도였다.

1910년 이전 출생자는 초기 이민 가족에게서 태어났다. 그들은 한국어를 사용하고 한국 풍습을 지켰으며 독립운동에 열중하였다.

1910년대 들어 태어난 한인 중에는 사진 신부나 이민제한령이 철폐된 이후에 하와이로 건너온 기혼 여성이 낳은 아이들이 많았고, 사진 신부 가족들은 대가족이 많았다.

1920년대 출생한 한인 2세들은 독립운동에 거의 참여하지 않을 정도로 미국화되었다. 그렇지만 한인교회를 통해 한국인으로서 정체성과 전통을 지켜나갔다. 교회와는 무관한 자기들만의 사회단체를 만들었다.

1930년 이후에 태어난 아이들은 하와이. 미국 사회 속으로 흘러 들어가 하와이 대학교 안의 한인 단체에서 서로들 만나기도 하였다.

전쟁의 시대, 고국과 디아스포라의 교차점 (1930년대 후반~1950년)

1930년대 후반, 하와이 한인사회는 고요한 격랑 속에 놓여 있었다. 표면적으로는 교회와 학교, 상회와 친목 단체들이 굳건해 보였지만, 내부에서는 이승만과 동지회 중심의 세력과 국민회를 지지하는 교민들 간의 갈등이 깊어지고 있었다. 특히 이승만이 주도한 동지식산회사가 기대와 달리 실패하면서, 교민 사회는 극심한 후폭풍에 휩싸였다.

그 무렵, 한인 2세들은 이미 성인이 되어 부모 세대의 정치적 분열에서 한 발짝 떨어진 채, 교육과 취업, 시민으로서의 삶에 눈을 돌리기 시작했다. 교회 중심 공동체에서 벗어나 각자 생활 기반을 찾아 나섰고, 이들은 새롭게 출범한 다양한 사회단체의 주축이 되었다. '한인대학생회'와 '태극회' 같은 청년 조직은 문화사업과 자선활동을 통해 한국과 하와이를 잇는 상징적 가교역할을 하였다.

1935년, 이승만은 백인 아내 프란체스카와 함께 하와이에 돌아왔지만, 이미 한인사회의 구심점은 그가 아닌 다음 세대로 옮겨가고 있었다. 그의 귀환은 일부 지지자들에게는 상징적 복귀였지만, 다른 이들에겐 여전히 해묵은 갈등의 부활로 보였다. 교민 사회는 소모적인 대립보다 실용적 공동체 운영으로 전환하고자 했고, 사진 신부로 온 여성들이 경제적으로 자립하며 새로운 리더십을 발휘하기도 했다.

30년대 후반, 하와이에는 새로운 영웅 이야기가 떠올랐다. 이학주와 마조리 김 리 부부의 장남, 모지스 리는 김구의 권유로 상해 임시정부에 합류했고, 이후 중국군 장교로 참전하였다. 말라리아로 귀국한 뒤 그는 미군 공군에 입대해 낙하산병으로 활동하며 2차 대전과 한국전쟁까지 최전선에 섰다. 세 개의 나라에서 전투를 치른 그의 삶은 '세 깃발의 병사'로 불리며 교민 사회에 깊은 울림을 남겼다. 그의 어머니 마조리 역시 한국전쟁 중의 서울 철수 당시 전화국 교환대를 지키다 부상을 당하고, 이후 고아원 설립으로 한국전쟁 복구에 헌신했다.

그러나 국제 정세는 한층 더 요동쳤다. 1937년 중일전쟁 발발, 그리고 1941년 진주만 공습은 하와이 한인사회에 엄청난 충격이었다. 대부분의 교민은 일본 제국주의의 패망을 고대하며 미국의 참전을 환영했지만, 미국 정부는 한국을 일본의 일부로 간주하는 시선을 쉽게 거두지 않았다. 이에 하와이 한인들은 충성을 입증하기 위해 미군에 입대하거나 지역 사회에 기여하며 자신들의 입지를 강화해 나갔다.

태평양전쟁 중, 하와이에는 재미한족연합위원회가 결성되었다. 이 조직은 국민회, 동지회, 독립당 등 기존 한인 단체들을 포괄하여 대일항전과 조국 독립을 위해 힘을 모으는 통합체였다. 이승만은 '주미외교위원부' 위원장에 선출되며 대외 활동을 이어갔지만, 곧 내부의 갈등이 다시 수면 위로 드러났다. 특히 젊은 세대는 윙 카페라는 장소를 중심으로 이승만과는 다른 방향의 담론을 모색하였고, 결국 1944년 동지회와 이승만은 연합회에서 탈퇴하게 된다.

이 시기 외국인 등록 문제가 새로운 긴장 요소로 등장했다. 한일병합 이후 미국에 온 한인 중 일부는 일본 국적을 취득하거나 불가피하게 일본 여권을 사용했던 이들이 있었고, 이는 미국 당국의 감시 대상이 되었다. 1940년 외국인등록법이 통과되며 한국인들은 비로소 '한국 시민'으로 등록할 수 있게 되었고, 이는 한민족 정체성을 지키려는 중요한 전환점이 되었다.

1945년 8월, 제2차 세계대전이 종결되자 하와이 한인사회는 해방의 기쁨과 함께 새로운 기대에 부풀었다. 반면에 세계대전과 종전으로 태평양전쟁 동안 2,614명의 한국인이 포로가 되어 미국에 억류되었다. 이 포로 중 약 1,200명은 하와이에 억류되었고, 나머지 포로들은 위스콘신주에 억류되었다. 하와이에서는 한국계 미군 병사들에게 이들 포로를 관리하라는 지시가 내려졌다. 그들은 전쟁이 끝난 후 한국으로 돌아가는 포로들을 호송하였다.

종전 직후 재미한족연합위원회가 발족되어 미 정부의 지원을 받아 15인의 '재미한족대표단'을 한국으로 파견했다. 이들은 해방 조국의 재건에 이바지하고자 했으나, 정작 이승만 정권이 수립된 후에는 오히려 입국이 거부되는 상황이 벌어졌다. 국민회를 지지했던 인사들이 '불편한 인물'로 분류되었기 때문이다.

반면, 이승만을 지지했던 동지회 계열 인사들은 새로운 한국 정부와 긴밀한 관계를 맺었고, 1949년부터는 자유롭게 조국을 방문할 수 있었다. 교민 사회는 다시 이념과 정치 성향에 따라 두 갈래로 나뉘었고,

이념의 파고는 깊어졌다.

이 시기인 1949년 4월 최초의 한국영사관이 와이키키의 모아나 호텔에 있는 영사 사무실에서 처음 문을 열었다. 그 이후 한 번 더 이주한 다음 1961년에는 팔리하이웨이에 있는 영사관 건물로 이주하였다.

한국전쟁 발발 이후, 하와이 한인 2세 청년들은 자원입대를 통해 다시금 조국을 밟았다. 그중 일부는 군 정보부 소속으로 한국어를 익혀 작전에 참여하였고, 많은 이들이 전쟁의 참상을 직접 경험하며 부모 세대의 고향을 다른 시선으로 바라보게 되었다.

전쟁이 끝난 1953년, 하와이 교민들은 이민 50주년을 맞이하였다. 이 해, 미국 이민 국적법이 개정되어 1세대도 시민권을 취득할 수 있게 되었고, 고령의 초기 이민자들에게는 국가로부터의 늦은 인정과도 같았다. 이로써 하와이 한인사회는 역사적 한고비를 넘기고, 새로운 세대 중심의 재편 국면에 들어서게 된다.

다시 피어난 뿌리, 하와이 한인의 새로운 세기 (1950~2000년대)

한국전쟁의 포성이 잦아든 1953년, 하와이의 한인사회는 이민 50주년을 맞이했다. 반세기 전, 인천항에서 갤릭호를 타고 태평양을 건너온 102인의 여정이 이제 하나의 민족사를 이룬 셈이었다. 그해 미국 이민 국적법이 개정되면서 그동안 시민권을 얻지 못했던 한인 1세들도 마침내 정식 미국 시민으로 인정받았다. 그것은 단지 법적 지위의 변화만이 아니라, 하와이라는 땅에서 살아온 한민족 공동체의 존재를 미국이 제도적으로 승인한 순간이었다.

1950년대 이후, 한인 2세들은 하와이 사회에서 점차 주류로 진입해 갔다. 그들은 부모 세대와 달리 영어에 능숙했고, 현지 교육제도 속에서 성장했으며, 미국의 시민으로서 권리와 책임을 체화한 세대였다. 직업적으로도 다양한 분야에 진출했으며, 법조계, 교육계, 공공기관 등에서도 두각을 나타냈다. 1954년 필립 민은 최초의 한인 하원의원이 되었고, 그 뒤를 이은 제클린 영은 한인 여성 최초로 하와이주의 부의장에 오르기도 했다.

이 시기 교민 사회의 또 다른 큰 전환점은 이승만 대통령의 하와이 귀환이었다. 1960년 4.19혁명으로 하야한 이승만은 정치적 망명을 택해 하와이로 돌아왔다. 그가 한국에서 권좌에 있을 때 오랜 반대파였던 국민회 계열은 이후에서야 비로소 한국을 자유롭게 방문할 수 있게 되었고, 반면 동지회는 여전히 권력과의 끈을 유지하며 혜택을 받았다. 이승만은 1965년 하와이에서 눈을 감았다. 한 시대를 풍미했던 이민자의 귀환은, 다시 그가 떠났던 그 섬에서 마무리되었다.

1960년대는 정치적 전환기이자, 한인 정체성의 재 구축기였다. 박정희 정권하에서 하와이의 영사관 인선이 새로 이루어지며, 동지회 중심이던 교민 지도부는 '한인협회'라는 새로운 통합 기구로 재편되었다. 이 단체는 지역 행사와 한국 문화 지원, 친선 교류를 추진하며 한인 정체성의 보존과 확대를 도모했다.

1970년대 들어 미국의 이민법 개정은 또 한 번의 큰 흐름을 가져왔다. 가족 초청이나 학업, 직업 이민 등을 통해 새롭게 유입된 한국인들이 하와이에 정착하기 시작한 것이다. 1968년 한 해 동안만 하와이로 이주한 한국인은 약 4,800여 명에 이르렀으며, 이들은 과거의 1세대와는 전혀 다른 방식으로 미국 사회에 진입했다. 전문직 종사자, 자영업자, 유학생 등 새로운 이민자들은 자신들만의 교회와 단체를 만들었고, 기존 교민 사회에 신선한 변화를 불어넣었다.

이 시기에 하와이의 한국인 인구는 가파르게 증가했다. 1970년대에는 9천 명에 육박했고, 2000년대 초반에는 4만 명을 넘어섰다. 호놀룰루와 오아후 지역에 집중된 이들은 점차 다양한 직업군으로 분화되었고, 미국 내에서 유일하게 '한인 이민 100년사'를 증언할 수 있는 지역으로 부각되었다.

한편, 1954년에는 인하대학교 설립이라는 역사적 이정표도 세워졌다. 학교명 '인하'는 인천과 하와이를 각각 상징하는 두 글자를 따 만든 것으로, 한국전쟁 직후 한국 산업 재건을 위해 하와이 교민들이 모금한 성금과 한인 기독학원(Korea Christian Institute) 매각 대금이 설립 재원이 되었다. 이는 디아스포라가 조국 근대화를 위해 실질적으로 기여한 대표적인 사례로 남았다.

2024년은 인하대학교 개교 70주년의 해이다. 이를 기념하기 위해 인하대학교 교정에는 '하와이-인하 공원(HAWAI-INHA PARK)'이 대형 석재 기념 비석을 가운데 두고 조성되어 있다.

오늘날 하와이에는 약 5만 명 이상의 한국계 주민이 거주하고 있는 것으로 추정된다. 이들은 주로 호놀룰루와 오아후섬 일대에 집중되어 생활하고 있다.

하와이에서는 문화와 교육 영역에서도 새로운 흐름이 시작되었다. 1972년, 미국 최초의 한국학 전문 기관인 '하와이 한국학연구소'가 문을 열었다. 이 연구소는 한국어 교육은 물론 한국 역사, 문화, 문학까지 포괄하는 통합 프로그램을 운영하며, 미국 내 한국학 연구의 메카로 자리 잡았다.

하와이 한인의 존재는 문화적 상징성으로도 확장되었다. 와이키키 해변은 1990년대부터 한국 신혼 여행객들에게 '꿈의 여행지'로 떠올랐고, 결혼 10주년, 20주년 기념 여행지로도 각광을 받았다. 하와이는 더 이상 단지 노동자의 이민지로 기억되지 않았다. 한국인들의 무의식 속에서 이 섬은 '이민과 귀환', '추억과 미래', '디아스포라와 고향'이라는 감정이 교차하는 다층적 공간으로 자리 잡게 되었다.

하와이 출신 한인들은 미국 본토보다 규모는 작지만, 그 상징성과 역사적 정통성 면에서는 여전히 특별한 위치를 차지하고 있다. 한국 문화센터, 한인상공회의소, 한인 학교 협의회 등은 세대를 잇는 문화 교류와 지역 사회 내 한인의 위상 강화를 위해 꾸준히 활동 중이며, 그 흐름은 오늘날까지 이어지고 있다.

하와이의 두 큰 인물 박용만과 이승만
그리고 이승만의 '위임통치 청원서'를 날린 것에 대하여…

1914년 하와이에 '대조선국민군단'이 창설되었다. 박용만이라는 위대한 독립운동가가 있었다. 하와이 한인들에겐 거의 신적인 존재였다. 집안 자체가 굉장히 부자였다. 하와이 한인 이주민을 이끌어 가면서 하와이 정부로부터 한인들이 군대를 만들 수 있도록 허락을 받아낸다. 하지만 하와이 정부가 한인 군대에게 총까지는 허락을 안 하고 군복 입고 제식훈련 정도만 허하였으니 힘들여 대조선국민군단 만들고선 고작 제식훈련이라니. 그전부터 안창호와 다투고 하와이로 피신 오다시피한 이승만을 박용만이 챙겨주게 된다. 그런데 하와이 한인들이 박용만을 대폭 지지하고 있으니 이승만은 시기 질투를 느꼈다고 한다. 당시 박용만은 일본 군함이 하와이로 와서 정박한다는 소식을 듣고 그는 이를 통해 내가 무언가 역할을 할 수 있다며 절호의 기회가 왔다고 했다. 일본 군함을 폭파 계획을 세우게 되는데 이를 하와이 정부에 고자질한 자가 있었는데 그가 바로 이승만이었다. 그리하여 이 일로 법정에 서게 되었는데 한 명은 신고인 자격으로 한 명은 피고인 자격으로 섰다. 후에 박용만이 이런 말 했다는 설도 있다.

'언젠가 우리 민족이 해방을 맞이하게 될 건데 이승만 같은 작자가 민족의 지도자가 될 경우 이는 민족의 크나큰 비극이 될 거다.'

원래는 임정에서 박용만을 외무총장으로 임명하려고 했으나 박용만이 '이승만이 대통령인데 내가 그자 밑에서 총장을 하겠느냐' 하고선 싫다고 했다. 당시 이승만이 대통령 되는 걸 싫어한 임정 요인들이 많았고 단재 신채호는 이승만이 대통령을 하면 임정에 남아있지 않겠다며 나가 버렸다. 박용만이 외무총장 안 하겠다고 하니 파리 김규식을 급히 총장으로 임명하게 되었던 것이다. 이승만은 임정 요인들로부터 별의별 욕은 다 먹었다. 그때에서야 하와이 박용만이 이승만을 '위임통치청원서'를 썼던 사람이라고 알렸던 것이다. 이승만은 미 대통령 윌슨에게 현 조선이 일본의 식민 통치하에 있으니 국제연맹이 나서 조선을 독립시켜 주라고 한 게 아니라, 일본으로부터 식민 통치 벗어나게 해서 국제연맹의 통치를 받도록 해달라는 청원을 했다. 임정에서 나갔던 신채호는 다시 돌아와서는 국내외 흩어져 있는 독립운동 지도자들은 임정으로 헤쳐모이라고 했다. 신채호는 '이완용은 있는 나라를 팔아먹었는데, 이승만은 없는 나라를 팔아먹는다'라고 맹비난을 했다.

일본 식민 통치받기 싫으니 무슨 국제연맹 통치를 받는다고 하는가. 이는 지구 공공의 식민 통치받겠다는 것이다. 그래서 이승만의 청원서 때문에 신채호가 임정으로 모이도록 해서 임정이 나가야 할 방향을 모색하고자 '국민대표회의'를 1923년에 개최했다. 두 파로 갈라져 순탄한 행보를 못 했다. 창조파는 새롭게 임정을 수립하자며 이승만의 외교 독립은 한계가 있으니 무장 투쟁으로 나가자고 했다. 주축인 인물은 신채호, 이회영 등. 개조파는 이승만의 잘못은 인정한다. 그러나 임정을 존중하고 잘못된 것은 고쳐 나가자고 했다. 주축인 인물은 안창호, 빠져나갔던 이동휘 등. 이동휘는 개인적으로 무장 투쟁론자임에도 불구 상해 공산주의자들을 이끌고 있었기에 개조파와 손잡았다. 회의는 6개월 정도 지나 결국 결렬이 되고 말았다.

그 와중에 이승만을 탄핵해야 될 사안으로 올려 1925년에 끝내 이승만을 탄핵한다.*

---

* 본문은 필자가 구독자로 있는 황현필 역사 강사의 유튜브 60분 영상 '임시정부 수립부터 광복까지' 내용 일부를 글로 정리해 옮김.

멕시코, 쿠바 한인

멧시코 한인

멕시코로 향한 여정 – 희망의 꿈, 절망의 땅

1905년, 을사늑약 체결과 함께 한국의 외교권이 박탈되면서 해외 이민은 차단되었고, 하와이로 가던 이민선은 멈췄다. 그러나 그해 봄, 1,033명의 한인들이(성인 남녀 각각 702명과 135명, 어린이 196명) 승선한 영국 선박 '일포드호'는 인천 제물포를 떠나 멕시코 '살리나 크루스'(Salina Cruz)항에 도착했다. 2025년 4월(도착일 기준으로는 5월)이면 우리의 멕시코 이민은 120주년을 맞는다. 목적지는 유카탄반도 지역의 에네켄 농장이었고, 이민자 대부분은 "4년 일하고 큰돈 벌어 금의환향하겠다."는 기대를 품고 떠났다.

당시의 〈농부 모집 광고〉

북미 묵서가국은 합중국과 이웃한 문명 부강국이니 수토가 아주 좋고 기후도 따뜻하여 온역 등 나쁜 병질이 없다는 것은 세계가 다 아는 바다. 그 나라에는 부자가 많고 가난한 사람이 적어 노동자를 구하기가 극히 어려우므로 근년에 일·청 양국인이 단신 혹은 가족과 함께 건너가 이득을 본 자가 많으니, 한국인도 단신이나 혹 가족을 데리고 그곳에 가면 반드시 큰 이득을 볼 것이다.

하지만 멕시코는 그들의 꿈과 전혀 다른 현실이었다. 하루 평균 40도를 넘나드는 열기 속에서 가시덩굴 에네켄을 자르며 일과를 시작했다. 할당량을 채우지 못하면 채찍이 날아들었고, 도망을 치면 감옥으로 향했다. 말이 통하지 않는 낯선 땅에서 벗어날 길조차 없었다.

이들의 절박한 상황은 메리다 지역을 방문한 박영순이라는 인삼 장수의 편지로 처음 미국 한인사회에 알려졌다. 그는 "이곳 이민 오게 된 동포들은 낮엔 채찍에 시달리고, 밤엔 토굴에 들어가 고통스러운 밤을 보내며 병들면 무인지경에 버려진다."고 전했다.

당시 이민 노동자 중에는 농민뿐 아니라 퇴역 군인, 몰락 양반, 부랑인, 무당도 포함되어 있었다. 정부의 인가 없이 추진된 불법 이민은 영국 브로커 마이어스가 주도했으며, 모집 광고는 "온화한 기후와 높은 임금" 같은 거짓말로 가득했다. 하와이 이민과 달리 가족 단위 이민이 가능했으나, 여성은 거의 없었다.

민족의 이름으로 뭉치다 – 국민회와 독립운동

1909년, 4년의 노동 계약 만료를 앞두고 한인들은 국민회 메리다지방회를 조직한다. 이 조직은 멕시코 최초의 공식 한인 단체로, 이후 대한 독립을 위한 정치 활동의 중심축이 되었다. 이근영, 방경일, 김윤원, 신광희 등이 초대 임원으로 선출되었고, 각 농장에서 314명이 회원으로 가입하였다.

당시 창립대회의 광경을 신한민보에는 다음과 같이 기술하고 있다.

> 속박을 당하던 천여 명 동포가 우리의 조국을 건질 목적으로 국민회를 조직하였으니 어찌 묵국의 해와 달이 놀라지 아니하며… 모이는 처소는 광활한 예배당인데, 대한국 태극기와 묵서가의 국기는 공중에 걸려 바람에 표표이 나부끼며 회의장을 찬란히 단장하였는데, 참석한 회원은 70여 인이오, 본토인의 참관자는 빈틈없이 방을 채웠더라.

한편, 한인들이 멕시코에 오기 전에 이미 유카탄에는 중국인과 일본인들이 먼저 들어와 있었다. 1908년 12월에 어떤 일본인이 한인 노동 에네켄 농장에 찾아와 "너희는 우리 보호국 백성이기로 내가 너희를 관리하겠다."고 하였다 한다. 이때 한인들은 "매국적 몇 놈이 있어 소위 보호조약은 하였다 하나 우리 국민은 당당한 독립국 백성이오, 또한 너희 일본은 우리의 역사상 원수라. 우리가 죽을지언정 너희 같은 왜놈의 보호를 받을 리가 있느냐.:라고 하며 호통을 쳐 내쫓은 일이 있었다.

1909년, 미주의 국민회는 멕시코로 견문 위원을 파견해 국민회 본부와 연계된 지방회를 창립하도록 이끌었다. 계약이 종료된 이들은 숨 고르기를 한 후 에네켄 농장 해방을 기점으로 멕시코 각지로 흩어졌고, 유카탄을 떠난 한인들은 타바스코, 베라크루스, 과테말라 등지로까지 이주하면서 새로운 커뮤니티를 형성했다.

특히 흥미로운 사건은 1913년 과테말라 혁명 참여였다. 이근영이 이끈 40여 명의 한인이 현지 혁명군에 가담해 "새로운 조선을 세우기 위해" 전투에 참여했고, 전사자도 발생했다. 비록 목적은 이루지 못했지만, 이는 한인의 정치적 의지를 보여주는 사례로 기록된다.

유카탄에 온 한인들은 1909년 농장에서 해방은 되었지만 여전히 그 지역을 떠나지 못하고 있었던 이유는 경제적인 문제 즉, 일자리를 찾을 수 있는 곳이 이곳뿐이기 때문이었다.

멕시코의 한인들은 에네켄 농장에서 해방된 지 12년 만에 그들이 처음 들어와 생활하던 유카탄 지방을 절반 가까이 떠났다. 그 이유는 농장에서 해방된 직후부터 시작된 멕시코 혁명으로 인해 경제난이 심하였다는 것이 가장 큰 원인이겠지만. 멕시코 한인들의 역동성에도 그 원인을 찾을 수 있다. 처음 멕시코에 온 한인들은 도시 출신과 어부, 군인 등 비농업 분야에 종사했던 사람들이 많았다. 따라서 이들은 유카탄의 에네켄 농장에 계속 남아있을 생각이 애초부터 없었음을 말해준다.

1917년 들어서며 경제적 호황으로 한인사회는 경제생활 면에서 활기를 띠기 시작하였지만, 1920년에 들어 메리다 지방에는 특별히 노동 임금의 다소를 막론하고 일을 구할 수가 없었다. 이에 유카탄 지방에 거류하던 한인들이 집단으로 1920년 4월 베라크루스 근방 산타페 지방의 사탕수수 농장으로 이주하였다. 이 지역으로 간 한인들 수는 총 191명으로 나와 있다. 하지만 이곳으로 간 한인들은 수토가 맞지 않고 혹심한 기후를 이기지 못하여 열병과 각종 질병으로 고통을 당하였으며 그곳에도 경제 공황으로 과달라하라 지방으로 다시 이주하는 한인들이 늘어났다.

교육과 자립의 길 – 한글학교와 자치활동

해외에 흩어진 한민족에게 언어는 정체성의 핵심이었다. 메리다지
방회는 승무학교와 해동학교를 설립해 국어, 한국사, 체조, 산술 등을
가르쳤다.

멕시코 지역 국민회 활동 가운데 독립운동사적으로 의미 있는 것이
군인양성이었다. 한인들이 유카탄에서 군인을 양성하여 앞으로 독립
전쟁을 준비할 수 있었던 것은 메리다지방회 회장 이근영을 비롯하여,
훈련원 장교 출신 여러 명 등 약 200명이 전직 군인 출신이었다.

1909년 11월, 그 몇 해 전의 을사늑약에 대해 국민회 회원들은 메리
다에 모여서 군인의 대오를 짓고, 국가의 큰 욕을 당하였다고 하여 독
립전쟁을 준비한다는 측면에서 한인 지휘관의 구령에 따라 110명이 2
소대로 나누어 시위행진을 하였다.

이같이 멕시코 한인의 승무 의식은 1910년 메리다 지방에서 본격적
인 사관 양성 승무학교를 창설하기에 이르렀고 초대 교장에는 이근영
이 맡았다. 이에 멕시코 동포들이 학교를 후원하였다. 다른 지역에서
도 일신학교, 국어학교가 설립되었다. 멕시코 정부의 교육령에 따라
스페인어와 멕시코 역사도 병행 교육해야 했지만, 자녀들에게 조국을
기억하게 하려는 노력이 끊임없이 이어졌다.

한인 여성들도 독립운동에 참여했다. 1919년, '대한부인회 애국동
맹단'이 조직되어 국민회에 집단 입회하며 독립운동을 지원했다. 당시

3·1운동 소식이 전해지자 멕시코 전역의 한인들이 만세를 외치고, 독립선언서를 인쇄해 현지에 배포했으며, 1,000달러에 이르는 의연금을 모금해 상해 임시정부에 전달했다.

멕시코에 온 지도자, 안창호의 현지 순행

당시 멕시코 한인사회의 가장 큰 문제점이 지도자가 없다는 점이었다. 그곳에 온 한인들 가운데 지식층이 적었던 관계로 이민 사회를 이끌어 갈 지도자가 없었다. 그러는 와중 1917년 대한인국민회 총회장 안창호가 멕시코의 한인들을 위무하기 위하여 순방하게 되었다.

그가 방문하게 된 동기는 멕시코 농장에서 노동하는 한인들이 생활난을 당하게 된 것을 알고 이를 파악하기 위한 것이었다. 그는 1917년 10월부터 18년 7월까지 약 9개월가량 멕시코 전역을 순방하면서 한인들에게 대한인국민회의 존재와 독립운동을 선전하는 역할을 하는 한편, 멕시코 혁명 와중에서 경제적으로 고통을 받고 있는 한인들을 위무하였다.

안창호는 1917년 10월 27일 멕시코시티에 도착하여 그곳의 6명의 한인으로부터 환영을 받았으며, 며칠 후 베라크루스로, 이어 코앗사코알코스와 프론테라를 거쳐 12월 초에 유카탄의 메리다에 도착하였다. 그곳 지방회 주최로 대대적인 환영식이 거행되었다. 이 환영식에는 회원, 남녀, 아동 합쳐 180명 정도가 참여하였다고 한다.

국민회 총회장 안창호가 멕시코를 순방한 이유는 무엇보다도 노동 문제가 시급하였기 때문이다. 이에 그는 에네켄 농장주들을 방문하여 한인 노동자들의 신용을 확신시켜 주었으며 안창호의 뜻에 따라 1918

년 2월 메리다지방회에서는 노동규정을 제정하게 되었다. 이같이 안
창호는 순행하는 동안 농장주들과 한인 노동자들 사이에 새로운 계약
을 체결하여 현지 동포들의 난관을 해결해 주었다.

또한 그는 멕시코에 1천여 명의 한인들이 살고 있다는 점에서 앞으
로 국민회의 활동무대를 확대할 전망을 가지고 있었다. 그의 목적은
멕시코시티에서 연설한 내용에 나타나고 있다.

> 국민회 묵국 연합지방총사무소를 메리다 지방에 두어 다음과
> 같이 재묵 동포의 행동을 일치할 것.
> 재묵 동포의 국민교육위 의무를 재묵 동포가 평균 담임할 것
> 재묵 동포는 자본을 던져 상업과 농업을 확장할 것을 현지 동
> 포들이 실행해 줄 것을 당부하였다.

유카탄에 도착한 안창호는 각 농장에 흩어져 있는 한인들을 심방하
고 그들에게 국민회 취지와 목적을 설명하였으며, 또한 조국의 독립을
위하여 국민회의 의무를 다해 주기를 부탁하였다. 안창호는 순행을 통
해 그의 조직인 흥사단에 멕시코 한인들을 단우로서 많이 가입시켰다.
1918년 5월 메리다 한인들의 전별을 받고 프레그로소항을 거쳐 탐피
코로, 이어 베라크루스에 도착, 8월 하순 로스엔젤레스에 도착하였다.

멕시코에서 울려 퍼지는 만세 소리, 3·1운동
국내에서 3.1 독립선언의 소식을 전해 들은 미주의 각 지방과 마찬
가지로 멕시코의 한인들도 만세를 부르며 환호하였을 것으로 보인다.

3.1만세운동 소식을 전해 들은 멕시코의 한인들은 거의 매일 회관에 모여 3.1운동 이후의 운동 방향에 대해 토의를 계속해 왔고 그것을 지원하고자 하였다.

메리다지방회는 북미 지방총회 훈시를 받아 4월 15일 오후 7시 반에 대한 공화국의 건설과 신정부의 조직을 축하하는 경축식을 거행하였다. 경축식 당시 국내에서 선포된 〈독립선언서〉를 멕시코 국민회에서도 입수했는지 정확히 알 수는 없지만, 인쇄된 〈독립선언서〉가 현재 국사편찬위원회에 소장되어 있는 것으로 보아 멕시코 한인들이 이를 다시 인쇄하여 그 사본을 판매하여 독립 운동자금으로 지원하였을 것으로 여겨진다. 프론테라지방회에서도 〈독립선언서〉를 스페인어로 번역하여 멕시코 각처의 교회에 보내어 우리의 독립 의지를 널리 알렸다. 멕시코시티 지방회에서도 4월 15일에 남녀 동포들이 모여 충성과 열정을 기울여 대한공화국의 건국과 신정부의 조직을 경축하였으며 탐피코 지역에서는 내외국인 80여 명이 모여 경축 행사를 가졌다.

메리다지방회는 4월 5일 통상회에서 중앙총회 훈시에 따라 소득세(20분의 1)를 4월 1일부터 시행하기로 하였으며 독립운동을 후원하기 위해 상해 위원으로 5명을 두었다. 메리다지방회 한인들은 1919년 12월 1일까지 중앙총회에 보낸 돈이 소득세 800달러와 인구세 150달러 등 약 1,000달러에 달했다. 그리고 멕시코 각 지역에서는 일본상품에 대한 불매운동이 자연적으로 일어났다.

한편 멕시코의 부인들도 1919년 6월 대한부인회 애국동맹단을 조직하였다. 본 동맹단은 "우리는 국내 독립단 응원에 대하여 우리 민족이 원하는 대사업이 성공하는 그날까지 힘을 다하여 돕겠다. 남자와 같이 의무와 권리를 다하기 위하여 일제히 국민회에 입회키로 한다."를 표명하며 의결하였다.

멕시코 한인들은 국내의 독립운동을 알리기 위해 현지에서 선전 활동도 하였다. 현지인들의 호응을 얻기 위해 신문사와 종교계에 독립선언 사실을 알렸다. 1919년 9월 멕시코시티에서 제일 큰 교회당 청년회에서 '한국을 위한 강연회'를 개최하였다.

멕시코 한인 역사 가운데 가장 변화가 급격하였으며, 혼란과 고난의 시기하고 할 수 있는 1909년부터 21년까지 메리다지방회 설립 후 한인들이 오학기나, 멕시코시티, 프론테라, 탐피코 등에도 이주하여 지방회를 설립하여 나갔다. 자신들의 어려운 경제 상황 속에서도 대한인국민회와 독립운동을 위해 자신들의 노력을 다 받쳤다.

멕시코 한인 후손회
2004년에 멕시코 한인 이민자의 후손들이 조직한 단체이다. 멕시코시티, 메리다, 베라크루스, 캄페체, 과달라하라, 티후아나 등의 지역에 한인후손회가 있다.

현재 멕시코에는 이들의 후손 3만여 명이 살고 있다. 세대를 거듭하며 외모나 언어는 현지화했으나, 한인후손회를 조직해 활동하거나 한국 문화를 적극적으로 즐기며 뿌리를 기억하고 있다.

2022년 '데셴디엔테스(Descendientes. 후손이라는 뜻의 스페인어)

후손'이라는 제목의 23분 분량 다큐멘터리를 제작했던 멜리사 몬드라곤 감독은 연합뉴스와의 인터뷰에서 "후손들은 서로 다른 전통을 가진 매우 다른 나라를 배경으로 성장했다고 봐야 한다."며 "한인 후손들이 선조의 슬픔을 공유하며 멕시코 내 공동체로 자리 잡은 것을 목격했다."고 말했다.

25년 8월 11일 연합뉴스 기사를 보고선, 멕시코 유카탄주 메리다에서 제80주년 8·15 광복절 경축식이 열렸다. 한국에서 1만 2천㎞ 떨어진 이곳 행사장에는 한복을 곱게 차려입은 한인 후손들이 스페인어로 인사를 나누며 모였다. 태극기와 멕시코 국기가 나란히 걸린 가운데, 2세대부터 5세대까지 약 100명이 참석해 국기에 대한 경례, 독립운동사 소개, 주 정부와 시 정부 축사, 주멕시코 한국 총영사 인사말 등을 함께했다.

사물놀이와 부채춤 공연이 이어졌고, 한인 5세대 소녀 리아 양은 한복을 입고 무대에 올라 환한 웃음을 안겼다. 이날의 절정은 89세 2세대 후손 마리아 암파로 킴 할머니가 힘차게 선창한 '만세 삼창'이었다. 그는 8명의 자녀와 28명의 손주를 둔 대가족의 어른이지만, 단 한 번도 한국 땅을 밟아본 적이 없다고 했다. 그러나 아버지 미겔 김 선생이 1905년 인천 제물포항에서 영국 상선 일포드 호를 타고 건너온 이민 1세라는 사실, 그리고 자신 안에 흐르는 한국인의 피를 자랑스럽게 여긴다고 밝혔다.

1905년 멕시코로 건너간 1,031명의 한인들은 '묵서가'(墨西哥/멕시코)를 기회의 땅으로 믿었지만, 실제로는 유카탄 에네켄 농장에서 지옥 같은 노동에 시달렸다. 새벽부터 해질 때까지 날카로운 잎을 자르고 섬유를 벗겨내는 작업에 내몰리며, 제대로 임금도 받지 못했다. 이들은 '애니깽'이라 불리며 고통 속에서도 독립군 양성을 위한 숭무학교를 세우고 고국을 위해 독립 자금을 보냈다.

한인이민박물관장 돌로레스 가르시아는 올해가 "선조의 뿌리를 되새기는 특별한 해"라고 의미를 전했다. 그러나 한인후손회장 후안 두란 공과 메리다 한글학교장 호세 에밀리오 에르난데스는 작년보다 행사 규모가 줄어든 점을 안타까워하며, "머나먼 타국에서 고국을 위해 헌신한 선조들의 역사가 한국에서 더 기억되길 바란다."고 전했다.

3·4세 후손 정계·의료계 활약
현재 후손들은 5세대까지 이어졌다고 한인후손회는 전했다. 3·4세 후손 중에는 상원 의원(노라 유)과 주 대법원장(리스베스 로이 송)을 지낸 사례도 있다. 후손들은 한국 사회와 더 다양한 방식으로 교류하며 '기억되기를' 바라는 마음을 가지고 있다.

각종 동포 간담회에 적극적으로 참석하며 후손들의 바람을 전달하는 마르타 김 멕시코시티 한인후손회장(전문의)은 "선조들의 희생을 기리고 후손들이 더 단합할 수 있는 자리를 만들기 위해 함께 노력했으면 한다."고 강조하기도 했다. 후손들은 특히 한국 문화에 대한 현지인의 높은 관심을 기반으로 양국 간 교류가 더 활발해지기를 기대한다.

한국콘텐츠진흥원 등 분석 자료를 보면 중남미 지역 콘텐츠 시장은

2021년 이후 6년간 연평균 예상 성장률(6.63%)이 전 세계 평균 예상 성장률(5.19%)을 웃돌 것으로 관측됐는데, 특히 멕시코 내 한국 문화 소비 의향이 큰 것으로 나타났다.

한류 열풍 타고 현지인 호감도 높아져

주멕시코 한국대사관은 올해 한인 이주 120주년 기념사업의 원활한 추진을 위해 재외동포청과 국가보훈부 등에 적극적인 관심을 요청했다. 또 한편으로는 한인 후손에 대한 전수 현황 조사를 위한 준비 작업에 착수할 방침이다.

현지에서는 한국이민사박물관이 있는 유카탄주 메리다를 비롯해 캄페체주 캄페체가 5월 4일을 '한국의 날'로 지정해 기리고 있다. 유카탄주 정부 차원에서도 같은 날을 '한국의 날'로 기념한다. 2021년에는 멕시코 연방의회가 특정 국가 기념일로는 최초로 '한인 이민자의 날'을 지정했다.

이처럼 멕시코에선 이주 120주년을 맞이한 한국인들의 족적을 기리고, 한국과의 교류와 협력을 증진하려는 노력이 한 해 동안 이어질 전망이다.

쿠바 한인

쿠바로 향한 새로운 여정 – '지상 낙원'의 유혹과 현실

1921년, 멕시코의 에네켄 농장에서 해방된 한인 중 일부는 "넥타이 차림으로 사탕수수를 자르고, 물 대신 우유를 마신다."는 말에 끌려 쿠바로 이주한다. 그들은 더 나은 삶을 꿈꾸며 희망을 품고 프레그레소

항을 떠났지만, 도착한 쿠바의 현실은 또 하나의 절망이었다.

한인들의 쿠바 이주를 주선한 이는 먼저 쿠바에 자리 잡고 있던 이해영이었다. 그는 광무군출신으로 뛰어난 스페인어 구사력을 지녔다. 쿠바의 사탕수수 산업이 외국인 노동자를 필요로 하자 이는 1920년 8월 노동자 400명을 6개월 내에 공급하고, 노동자 1인당 25달러의 수수료를 받기로 계약을 체결했다.

멕시코 정부로부터 승인을 받아 한인 노동자 모집이 이루어져 288명이었고 인솔자 2명을 포함한 290명은 1921년 3월 증기선을 유카탄 반도 프레그레소 항을 출발해 쿠바 마나티를 향해 출항했다.

도착지는 마나티. 당시 미국 자본의 완전한 통제 아래 있던 쿠바 경제는 사탕수수 산업을 중심으로 극심한 호황과 불황을 반복하던 시기였다. 한인들은 마나티 제당 회사와 계약하였지만, 설탕 가격이 급격히 폭락하면서 약속된 노동과 임금은 무의미해졌고, 이민자들은 입항부터 국적 문제로 강제 정박을 당하기도 했다.

쿠바 경제 상황의 급변

당시 쿠바는 사탕수수 가격이 급격히 변동하는 시기였다. 가장 극적인 변화는 한인들이 도착하기 1년 전인 1920년에 일어났다. 미국의 관세장벽이 가격 하락에 불을 붙인 것이다. 그해 파운드당 설탕 가격이 7월 15.5센트, 10월 6센트, 12월 3센트로 쿠바의 제당 산업은 궤멸 수준의 가격 하락을 경험했다. 한동안 살이 쪘었는데 이젠 '여윈 암소'의 시대가 도래한 것이다. 설탕 가격의 하락은 노동자의 임금 하락으로, 특히 이주 노동자 중에서도 새로 인력시장에 진입한 한인들은 노동 계층 안에서도 가장 낮은 사다리에 위치했다.

다시 에네켄의 불볕 들판으로

쿠바에 도착한 한인들은 크게 두 가지 점에서 어려움을 겪었다. 마나티 입항 과정에서 서류 미비와 국적 시비로 입국이 지연된 데다 입항 후 사탕수수 산업의 급격한 쇠퇴로 정착에 어려움을 겪었다. 쿠바 이민 당국이 한인들을 일본인으로 간주하자 한인들은 강하게 저항했고, 이에 쿠바 주재 일본 영사관이 한인들을 '하포네'로 인정하기를 거부함에 따라 무국적자가 된 한인들은 입국이 힘들었다. 17일 동안 강제 정박을 당한 뒤 1921년 3월 25일 마나티항에 상륙하게 된다. 다시금 국적 시비는 태평양전쟁이 발발하면서 쿠바가 미국과 함께 일본을 적성국으로 간주하여 불거진 것인데 이후에도 쿠바 한인 사회의 가장 첨예한 현안이었고, 한인들은 쿠바 국적을 취득하기 전까지 무국적자 신분을 벗어나지 못했다.

1923년 이후 카르데나스 에네켄 농장과 아바나 등지로 다시 이동하는 한인들이 늘어났다. 1926년 쿠바 내 지역별 한인 거주 현황을 보면, 마탄사스 108명, 카르데나스 101명, 마나티 24명, 아바나를 비롯한 다른 지역 24명이었다.

멕시코에 이어 다시금 시작한 에네켄 농장에서의 노동을 빼놓고서 쿠바 한인사를 다루기는 어려울 것이다,

13세부터 아버지 임천택을 도와 에네켄 농장 일을 했던 헤로니모 임

(임은조, 1926년~2006)은 '생각하기도 싫은 지옥'이었다고 회고했다.

> "새벽 3,4시면 일어나 아침 식사 준비를 하는 것으로 일과를 시작했다. 키 낮은 유년생 에네켄 가지를 자르려면 온종일 허리를 숙여야 했다. 에네켄은 바위 위에도 뿌리를 내린다. 억센 줄기를 다듬으려면 열대 날씨에도 두꺼운 옷과 장갑으로 무장해야 했다. 그럼에도 억세고 날카로운 가시는 간단없이 살을 파고들었다."

한인들은 점차 마탄사스 시내 또는 다른 지역으로 이주하면서 이민 초기 20여 년 동안의 구심점이 사라졌다. 한인들은 대부분 한 많은 에네켄 농장을 떠났지만, 오랜 세월 뒤에도 극소수가 일을 하고 있었다.

뿌리를 지키는 몸부림 – 국민회, 교육, 종교, 공동체

쿠바 한인들에게 있어서 대한인국민회는 단순한 조직이 아니라, 조국을 대신하는 '무형의 정부'이자, 공동체를 유지 시키는 구심점이었다. 쿠바 내 대표적인 한인 중심지는 마탄사스, 카르데나스, 아바나 등으로, 이곳에 지방회가 결성되어 독립운동과 상호부조, 교육 활동이 활발히 이루어졌다.

1923년, 마탄사스지방회는 3·1절 기념식을 열고, 현지 쿠바 언론 보도에 반박하는 등 적극적인 외교활동도 펼쳤다. 쿠바 대통령 바티스타가 귀국했을 때는 시가행진에 참가하여 태극기와 쿠바 국기를 동시에 내걸며 존재감을 드러냈고, 이 모습은 현지 언론에도 주목받았다.

교육 측면에서도 민성학교, 진성학교 등이 세워졌고, 이곳에서는 국어와 산술, 체조, 창가를 가르쳤다. 이 학교들은 민족 정체성의 요람이었다. 가난한 한인들은 죽 물과 옥수수빵으로 연명하면서도 국민회 회비와 자녀 교육을 위한 비용을 아끼지 않았다.

종교는 한인의 삶에 깊게 자리 잡았다. 개신교가 먼저 뿌리내렸고, 천도교 역시 본국과의 직통 교류로 주목받았다. 특히 천도교 성미는 임시정부에 전달되는 독립 자금의 한 방식이었다. 여성들 역시 독립 운동의 주체였다. 1938년 마탄사스, 아바나, 카르데나스에 대한 여자 애국단 지부가 설립되어 활약했으며, 이들은 남성과 함께 국민회의 활동을 주도했다.

확대된 가족이자 축소된 조국이었던 대한인국민회

미주 대한인국민회는 한인들이 기댈 유일한 언덕이었다. 쿠바 입국 과정에서 불거진 국적 시비를 정리해 주었고 불황으로 실직, 소득 감소에 더하여 외국인 노동 정지 정책으로 반년, 1년을 백수로 끼니를 걱정했던 어려운 시기 성금을 보내주어 한인들의 삶을 부축했다. 그들에겐 미주 국민회는 망명정부이자 학교이기도 했다.

한인들은 죽 물을 끓여 먹거나 아주까리 잎으로 찌개를 끓여 먹고 옥수수빵으로 연명하던 궁핍한 상황에서도 국민회 회비를 내지 못하는 것을 송구스럽게 생각했다. 그만큼 국민회 입회증서는 한인들의 존재를 입증해 줄 유일한 문서였다. 생활이 극도로 빈한한 와중에도 쿠바에서 지방회를 설립한 까닭이다.

쌀 한 숟가락에 담은 독립 염원

쿠바 한인들은 임시정부와 광복군을 위한 성금을 거둬 전달하고, 쿠바 중앙정부 또는 지방정부, 일반 주민들을 상대로 독립 의지를 밝히는 방식으로 독립을 희구했다. 쿠바의 최하층민들마저 꺼렸던 에네켄 노동을 하면서도 한인들은 조국의 광복을 열망했던 1921년부터 45년까지 150명 내외의 마탄사스 동포들이 조국의 독립을 위해 거둔 갖가지 성금은 동포들의 생활 형편을 생각하면 기적적인 규모였다.

노동 정지가 상시적으로 있었던 시기인 1938년부터 45년까지 8년 동안 갖가지 명목으로 모금한 액수가 1,489달러 75센트에 달했다. 임천택 스스로 "적은 수의 회원들이 놀랄 만한 열정을 보였다."고 기록했다. 많은 한인 가정에서 식사 때마다 식구 수대로 쌀 한 숟가락씩 모으는 성미 방식으로 모금했다.

1941년 3월부터 같은 해 9월까지 노동 정지 기간만 190일이 넘었고, 많은 한인이 미국과 멕시코, 하와이는 물론 쿠바 각지에서 보내온 500여 원의 구제금 덕에 입에 풀칠을 하던 시절이었다.

김구 주석은 미국, 멕시코, 쿠바의 1만여 명에 불과한 동포들이 대부분 노동자이지만, 서재필 박사와 이승만 박사, 안창호, 박용만 들의 교화를 받았기 때문에 성금을 보내왔다. 쿠바 동포 대표로 '임천택'과 '박창운'을 기록해 놓았다.

3.1운동을 가장 중요한 기념일로 여기던 쿠바 한인들은 1929년 광주 학생 독립운동 소식이 전해지자, 제2의 3.1운동으로 간주하고 성원했다. 마탄사스, 카르데나스, 마나티 등 3개 지역 동포들이 지지 집회

를 열었고 100여 명이 후원금 100달러를 쾌척했다.

환희와 좌절 사이 - 광복과 조국의 멀어짐
쿠바에 거주하던 한인들에게 해방은 기적과 같은 순간이었다. 마탄사스 지방회는 일본 진주만 공습 직후 "우리는 대한민국 임시정부의 국민이다."라고 선언하고, 반일 선포문을 쿠바 당국에 전달했다. 이는 해외 한인 중 가장 빠르고 조직적인 반응 중 하나였다.

1943년 아바나에서는 '재큐한족단'이 결성되어 실질적인 쿠바 내 한인 외교 대표기구로서 활동했다. 3·1절은 여전히 중요한 기념일이었고, 1929년 광주학생운동에도 적극적인 성원과 모금으로 동참했다. 1941년부터 1944년까지 쿠바 각지에서 모인 독립 자금은 1,500달러에 달했으며, 임시정부 김구 주석에게 직접 전달되기도 했다.

하지만 해방 이후 조국은 달라져 있었다. 남북이 각각 단독정부를 수립하며 분단되었고, 곧 한국 전쟁이 발발했다. 조국은 더 이상 한인들의 귀환을 기다리지 않았고, 쿠바의 외국인 차별 정책과 노동 정지는 현실적인 벽이 되었다.

한편, 쿠바에 태어난 2세들은 점차 쿠바 정체성을 받아들이게 된다. 한글 교육은 1943년을 기점으로 중단되고, 생활은 더욱 팍팍해졌다. 그러나 후손들은 꾸준히 교육받고 성장해 의사, 교사, 공무원으로 진출했고, 일부는 하와이나 미국, 멕시코로 유학을 떠났다.

1953년 기준 쿠바의 문맹률은 19%였고, 대부분 노동자 계층이었던 한인들의 교육과 문화 수준은 그렇게 높지 않았다. 하지만 궁핍한 생활 속에서도 자식들에 대한 교육열은 식지 않았다.

한인 자녀들은 쿠바의 각급 학교에서 탁월한 성적을 내기 시작했다. 마탄사스와 카르데나스 동포 자녀들이 관립 중학교를 거쳐 타자·속기·재봉학교 등 각종 기술학교와 간호학교, 상업학교, 예술학교, 사범학교는 물론 대학교에 진학한 것이다.

임천택은 9남매 중 3녀인 은희(15, 마르타 임(훗날 남편 라울 루이스와 〈쿠바의 한인들〉을 집필)이 사범학교. 장남 은조(27, 헤로니모 임)는 공제회 청년부 가입 2년 만인 46년 회장에 뽑혀 신망을 받았고, 같은 해 아바나 대학 법과에 진학해 아바나의 차이나타운 등지에서 노동을 하며, 주노야독을 하던 중 노동 정지로 부득이 휴학하고 있다가 53년 가을 복학할 예정이라고 소개했다.

박창운은 맏딸을 하와이로 유학을 보냈다. 한인들이 마나티항에 도착한 뒤 한 세대가 지난 50년대 초, 동포들의 자식 농사가 마침내 풍성한 수확을 거두기 시작한 것이다.

쿠바 혁명의 소용돌이 속에서 – 생존, 변화, 그리고 정체성

1959년, 피델 카스트로와 체 게바라가 이끈 쿠바 혁명은 한인 사회에도 중대한 전환점을 가져왔다. 혁명군은 아바나를 장악하고 사회 전반에 걸쳐 개혁을 단행했다. 농지개혁을 통해 땅을 분배하고 보건·교육·복지를 확장하면서 서민의 삶은 일정 부분 향상되었지만, 이 변화는 한인 사회에 양면적인 영향을 미쳤다.

가장 먼저 영향을 받은 것은 자산을 축적했던 상류층 한인들이었다. 아바나 등지에서 비교적 성공한 자본가들은 혁명 정부에 의해 재산을 몰수당했고, 많은 이들이 미국 등지로 추방되거나 자진 이주하였다. 반면, 에네켄 농장 등에서 생계를 이어가던 대부분의 한인은 소수민족에 대한 차별 철폐 정책에 따라 비교적 안정된 기반을 확보할 수 있었다.

피델 카스트로는 소수 디아스포라 공동체의 통합을 강조하며 중국계, 한인계 등을 쿠바 사회의 일부로 끌어안았고, 이는 인종차별 완화로 이어졌다. 그러나 역설적으로 이러한 통합 정책은 '한민족'으로서의 독자적인 정체성을 엷어지게 하는 결과를 낳기도 했다.

두 개의 조국과 남겨진 사람들 – 분단 이후의 정체성 변화

쿠바와 북한은 1960년 수교를 맺고 친선 관계를 이어갔으며, 이후 쿠바 내 북한 대사관도 설치되었다. 피델 카스트로는 북한을 방문하고 무기 및 원조를 받았지만, 쿠바 내 한인들과 북한 간 실질적인 접촉은 거의 없었다. 북한 외교관들은 쿠바 한인들을 체제 선전의 대상으로만 여겼고, 한인들은 그들과의 관계에 냉담했다. 한때 북한 정부의 초청으로 방북한 헤로니모 임(임천택의 장남)도 기대와는 다른 대우를 받은 것으로 알려져 있다.

조국은 해방 이후 분단되고, 냉전이 본격화되며 쿠바 한인들은 사실상 외면당한 존재가 되었다. 남과 북의 정부는 재외 한인에게 특별한 지원을 하지 않았고, 쿠바 정부의 노동 정지 정책과 외국인 차별이 반복되며 한인 사회는 더욱 고립되었다.

쿠바 한인 중 우리가 꼭 알고 있어야 하는 한 인물*

한인 이민 2세 헤로니모 임(임은조, 1926~2006))이다. 임천택의 장남으로 그 누구보다 선두에서 쿠바 혁명에 투신하였다. 마탄사스의 엘 볼로 한인 마을에서 태어난 헤로니모는 부모의 에네켄 농사를 도우면서 잔뼈가 굵었다. 9세 때 처음으로 신발을 신어보았을 정도로 가난했다.

마탄사스 고등학교를 졸업히고 마탄사스 종합대학을 거쳐 1946년 쿠바 한인 중 처음으로 아바나 법대에 진학했다. "법은 정의를 지킬 수 있다."는 믿음에서 법학을 전공으로 선택했다. 낮에 일하고 밤에 공부하는 고단한 생활 중에도 현실에 눈을 떠 바티스타 정권에 저항하는 '운동권 학생'이 된다.

그는 학생 대표 자격으로 당시 젊은이들에게 혁명의 열정을 불러일으키던 에두아르도 치바스를 인터뷰하고 47년 그가 창당한 오르토독소당에 입당한다. 치바스는 헤로니모의 법대 동기생으로 혁명을 꿈꾸던 피델 카스트로의 정치적 멘토이기도 했다. 카스트로도 같은 해 오르토독소당에 입당했다.

대학생 시절 헤로니모는 마탄사스 지방정부 관리들이 착복하자 시청사를 점거하고 농성을 벌였다. 경찰이 3일 동안 식수와 전기를 끊어 폭염 속에 선풍기조차 돌리지 못했던 농성장은 생지옥이었다. 이 일로 투옥돼 2개월 옥고를 치렀지만 치바스가 임명한 변호사들의 도움

---

* 쿠바 한인 이민 100년사. 외교부 기획. 2022년- 96~97페이지에서 발췌 게재.

으로 무죄로 석방됐다. 그는 당시를 회고하며 힘들었지만 올바른 일이었고, 해야 할 일이었다고 말했다. 직업 혁명가의 길을 선택한 것은 이즈음이었다.

헤로니모는 5년제 법대 졸업 1년을 앞둔 1949년, 학업을 중단하고 반독재 투쟁에 뛰어들었다. 이후 10년간 마탄사스 일대에서 점조직으로 운영됐던 도시 게릴라로 활동하면서 선전물 유포와 정보수집 임무를 수행했다. 한편으로 아바나의 미국 문화원에서 무료 영어강의를 수강 했다. 부친 임천택에게는 1959년 1월 1일 바티스타 독재가 무너진 뒤에나 10년간의 게릴라 활동을 털어놓았다. 그는 쿠바 공산당 발기인의 한 명으로 참가했다.

혁명 뒤 경찰청 인사·법무담당관으로 1년 동안 근무한 그는 1963년 산업부 인사 담당관으로 자리를 옮겼다. 그가 평생 위대한 인간으로 꼽은 '체 게바라'가 당시 산업부 장관이었다. 헤로니모는 체와 관련된 일화를 즐겨 회상했다. 장관 비서가 해외 출장을 앞둔 체의 가방에서 구멍 뚫린 양말 세 켤레를 발견하고, 새 양말을 사 넣었다는 일화도 그 중 하나다.

체가 쿠바를 떠난 뒤 산업부는 5개 부처로 나뉘었고 헤로니모는 식량 산업부 식량 구매국장으로 근무하다가 1988년 퇴직했다. 이 시기에 유럽을 비롯한 세계 각국을 돌면서 비밀리에 첩보 임무도 수행했다. 외국 방문 시 대외 직함이 '차관'이었는데, 한인 중에서는 가장 높은 공직자 지위였다. 1992년부터 3년간 아바나 쿼데라스의 직선 시장으로 봉직하기도 했다. 그가 서울을 방문한 시점은 공직에서 완전히 은퇴한 직후였다. 헤로니모는 드물게 남과 북을 모두 방문한 쿠바 한인이었다.

1967년 북한 정부 초청으로 조국의 반쪽을 방문, 평양과 원산 그리고 금강산을 둘러보았다. 하지만 당시만 해도 쿠바를 조국으로 여기며 혁명 과업에 충실하던 시절이었다. 한반도는 아버지의 조국이었을 뿐이다.

1995년 서울에서 열린 광복 50주년 기념 세계한민족축전에 초청받아 '또 다른 조국의 절반'을 방문했다. 이후 쿠바 한인들을 규합해 한글 교육을 시작하는 한편, 쿠바 한인회 복원을 위해 본격적인 활동을 전개한다.

잊히지 않는 한글과 독립의 기억 – 교육, 문화, 민족의식의 유산

한글 교육은 한민족 정체성을 유지하는 가장 중요한 수단이었으나, 시대의 흐름과 경제적 어려움 속에서 점차 약화되었다. 마탄사스의 민성학교, 카르데나스의 진성학교 등 국어학교는 1940년대 중반 이후 문을 닫았다. 그럼에도 불구하고 한인들은 끝까지 민족 교육의 끈을 놓지 않았다. 식사 때마다 쌀 한 숟가락씩 모아 독립 자금을 마련했고, 극심한 빈곤 속에서도 성금을 보내는 일을 중단하지 않았다.

후손들의 목소리 – 기억의 공동체를 이어가다

1990년대 탈냉전과 함께 쿠바는 심각한 경제난에 봉착했다. 소련의 붕괴는 쿠바 경제의 붕괴로 직결되었고, 한인들도 예외가 아니었다. 혁명의 공훈자였던 헤로니모 임도 생계를 위해 택시 운전을 하고, 가족은 음식점을 열며 하루하루를 버텼다.

1995년, 쿠바 한인들은 드디어 오랜 공백을 깨고 '한인회' 재건의 움직임을 시작했다. 세계 한민족축전에 참가하면서 자신들의 존재를 다시 확인했고, 쿠바 한인 공동체의 역사적 연대를 이어가고자 했다.

헤로니모 임의 좌절된 꿈, 한인회

쿠바 혁명 이후 사라진 국민회를 대체할 한인 단체는 오랫동안 없었다. 한인회 재건이 시작된 것은 1995년 세계한민족축전에 헤로니모 임(임은조)과 파블로 박(박금성)이 김영삼 정부 초청으로 한인 대표로 참가한 뒤부터다. 각각 부모로부터 말로만 듣던 서울을 방문하고 돌아온 두 사람은 한인회 재건을 위해 발품을 팔기 시작한다. 특히 헤로니모는 여동생 마르타 임과 함께 아바나와 마탄사스, 카르데나스, 마나티 등 쿠바 전역의 한인 후손들을 찾아다니며 실태 파악에 나섰다. 쿠바 정부에서 한인회 설립 근거 자료로 한인 후손의 숫자와 신분증 원본을 제시하라고 요구했기 때문이다. 헤로니모는 가는 곳마다 한인 후손들을 모아놓고 한인회 설립 필요성을 역설했다.

그는 쿠바 귀국 뒤 재미 한인교회 선교사를 만나 크게 세 가지를 지원해 달라고 부탁했다. 우선 조상들이 어떤 경로를 거쳐 쿠바에 오게 되었는지를 동포들에게 알리기 위해 여동생 마르타 부부가 쓴 〈쿠바의 한인들〉을 책으로 출판해 줄 것과 한국 문화와 한글, 한국 사정을 배울 수 있게 도와 달라고 했다. 마지막으로 동포들을 일일이 찾아다니기 위해 자신의 라다 승용차를 운행할 유류비가 부족하니 이를 지원해 달라고 요청했다. 쿠바 신문에 한인 후손을 찾는 광고도 냈다. 그러나 한인회 인가를 받는 과정은 녹록지 않았다.

1996년부터 꼬박 3년 동안 헤로니모가 한인회 인가를 받기 위해 펼친 노력은 결실을 보지 못했다. 북한과 수교국인 동시에 사회주의 형제국인 쿠바 정부는 1999년 공식 서한을 발송해 "코레아가 두 개로 남아있는 한 한인회를 인가해 줄 수 없다."는 최후통첩을 보내왔다.

헤로니모는 한인회 인가를 추진하던 1997년 11월 새로 부임한 아바나 주재 북한 대사 앞으로 서한을 보내 한인회 결성 관련하여 도움을 요청했다. 그러나 조국의 반쪽인 북이 보인 반응은 냉담했다. 1967년 북한 정부의 비공식 초청으로 방북해 평양과 원산, 금강산을 둘러보았던 그의 경력도 도움이 되지 못했다. 헤로니모는 몇 차례 시도 끝에 아바나 주재 북한 대사관의 도움을 포기하고 발길을 끊었다.

쿠바 전국을 다니며 한인들을 규합했던 헤로니모의 노력이 헛된 것은 아니었다. 무엇보다 혁명 이후 '조상의 조국'을 까맣게 잊고 있었던 한인 후손들에게 한국을 일깨웠다. 특히 마나티항 입구에서 '쿠바 한인 이민 80주년 기념탑'의 기공식이 열린 2001년 3월 25일은 많은 한인 후손들에게는 감격적인 날로 기억된다.
아바나와 마탄사스, 카르데나스 등지에서 40여 명의 한인 후손들이 버스를 타고 와 참석했다. 헤로니모는 버스 안에서 마이크를 잡고 "오늘은 기쁜 날입니다."라고 선언했다.
헤로니모가 설계한 기념탑은 조국이 있는 서쪽을 향하고 있다.

쿠바의 한인 수

멕시코에서 일부 한인들이 쿠바로 재이주한 지도 100년을 조금 넘겼다. 이 기간 동안 한인들은 대부분 다른 인종과 결합된 혼혈인이 되었다. 오늘날 한국계의 쿠바인 수는 총 1,092명으로, 그 중 순수 한인 혈통을 가진 후손은 약 7%에 해당하는 83명이다.

-쿠바 한인후손회 안토니오 김 회장의 인터뷰 중-

한류와 쿠바 한인 후손들을 잇는 새로운 연결 고리

2013년 쿠바에서 한국 드라마 성공에 이어 14년 8월 아바나에 '호세 마르티 한-쿠바 문화클럽(일명 한인 후손문화원)'이 몇몇 한국 정부 기관의 지원으로 개원하였다.

쿠바 한류는 드라마로 시작해 드라마 OST, K-pop으로 이어졌고 한국 가수의 가사를 이해하고 싶어 한국어에 관심을 갖게 되면서 폭넓게 확산되고 있다. 더 나아가 한국의 성공적인 경제 발전 모델, 문화 강국으로 세계에 인식되면서 쿠바 한인들 특히 3세, 4세들은 한국인 후손이라고 떳떳이 내세우고 자긍심마저 가지게 되어 정체성을 재확립하는데 한류가 큰 역할을 하고 있다.

필자가 알고 있는 헤로니모 임의 손녀는 현재 영남대학교 학사 수료 후 석사 과정을 밟고 있다. 그녀의 4촌 역시 쿠바에서 한국으로 유학을 와서 IT(인공지능) 관련 석사 과정을 마치고 한국 여성과 결혼하여 슬하에 자녀를 두고 있다.

한-쿠바 수교

우리나라와 쿠바는 2024.2.14(수) 미국 뉴욕에서 양국 주유엔대표부 간 외교 공한 교환을 통해 양국 간 대사급 외교 관계 수립에 합의하였다.

이로써 한국-쿠바 관계는 1948년 대한민국 정부가 수립된 이래 76년 만에 대사급 외교 관계로 격상되었으며 쿠바는 대한민국의 193번째 수교국이 되었다.

중남미 카리브 지역 국가 중 유일한 미수교국인 쿠바와의 외교 관계 수립은 우리의 대중남미 외교 강화를 위한 중요한 전환점으로서, 글로벌 중추 국가로서 우리의 외교 지평을 더욱 확장하는데 기여할 것으로 기대된다.

또한, 한-쿠바 수교는 양국 간 경제협력 확대 및 우리 기업 진출 지원을 위한 제도적 기반을 마련함으로써 양국 간 실질 협력 확대에 기여할 것으로 예상되며, 또한 쿠바를 방문하는 우리 국민에 대한 체계적인 영사 조력도 제공할 수 있을 것으로 기대된다.

그간 양국은 문화, 인적교류, 개발 협력 등 비정치 분야를 중심으로 교류, 협력을 확대해 온바, 특히 최근 활발한 문화교류를 통한 양 국민 간 우호 인식 확산이 금번 양국 간 수교에도 기여한 것으로 평가된다.

국경 너머의 민족, 잊히지 않는 이름들

멕시코와 쿠바의 땅을 밟은 1,033명의 한인들. 그들은 본의 아니게 조국을 떠났고, 기대했던 금의환향은 이루어지지 않았다. 하지만 이들은 새로운 땅에서 일하고, 배우고, 싸우고, 독립을 꿈꾸었다. 조국은 멀어졌지만, 마음속에서 결코 사라지지 않았다.

그 후손들은 이제, 한때는 잊혔던 선조의 삶을 기억하고, 그것을 이야기로 남긴다. 쿠바와 멕시코의 한인사는 우리 민족이 얼마나 넓고 깊게 세계로 퍼져 나갔는지를 보여주는 증거이며, 동시에 우리가 결코 잊어서는 안 될 역사이다.

남양군도 한인

남양군도는 일본 제국이 1920년대부터 1945년까지 위임 통치했던 북태평양 해상의 미크로네시아 섬들과 해당 섬들에 설치된 행정구역을 일컫는다. (팔라우, 미크로네시아 연방, 마셜 제도, 북마리아나 제도)

태평양전쟁은 일본의 만주 침략(1931)과 중일전쟁(1937), 태평양전쟁(1941)으로 이어진 침략전쟁이다. 전쟁을 치르기 위해 일본 본토와 식민지 점령지, 전쟁터에서 다수의 인적·물적 자원과 자금을 강제 동원했다. 인적·물적·자금 동원의 근거는 국가총동원법이었다.

1939년 남양군도로 간 사람들은 다수가 속임에 의하여 갔다. 이들을 속인 것은 면사무소, 군청, 조선총독부였다. 그곳은 멀기는 하지만 일 년 내 겨울이 없는 따뜻한 섬이라 했다. 섬이지만 농사지을 수 있고, 물도 많다고 했다. 지긋지긋한 농사일을 안 해도 배곯을 염려가 없다고 했다. 넓은 해변과 야자수 사진은 지상 낙원과 진배없어 보였다. 가겠다는 사람들이 많지만 각별히 생각해서 보내준다고 했다.

그래서 감언이설에 감지덕지하고 부푼 꿈을 안고 떠났다. 그러나 이들을 기다리고 있는 것은 숨 막히는 더위와 하루 12시간 넘게 사탕수수를 채취하는 막노동과 쏟아지는 폭탄을 뚫고 군용 비행장을 만드는 일이었다. 천운으로 그나마 살아서 고국으로 돌아올 수 있었던 사람들의 두 손에는 공습으로 사망한 가족의 유골함뿐이었다.

전쟁은 끝났지만, 그들은 돌아오지 못했다

"나는 왜 조선에 돌아오지 못했을까?"

사이판 전투가 끝나고도 오랫동안 그곳에 남아있어야 했던 한 조선인의 외침은, 식민지 조선인들이 겪어야 했던 비극의 한 단면이었다.

남양군도, 특히 사이판과 티니안은 태평양전쟁 말기 일본군과 미군사이의 격전지였다. 하지만 전쟁터는 병사들만의 공간이 아니었다. 그곳에는 조선에서 강제로 끌려간 수많은 노동자가 있었고, 그들 중 일부는 끝내 돌아오지 못한 채 그 섬에 남겨졌다. 오늘날까지도 조용히 그 뿌리를 지키며 살아가는 후손들이 존재한다.

식민지 조선인, 남양의 섬으로 끌려가

1930년대 후반부터 일제는 일본 본토뿐 아니라 남양군도의 군수시설 건설과 전쟁 준비를 위해 조선인들을 대규모로 동원했다. 이들은 본인의 의사와는 상관없이 징용되거나 모집된 뒤, 오키나와 등을 거쳐 사이판, 티니안, 팔라우 등지로 보내졌다. 사이판에는 약 2,000여 명, 티니안에는 약 3,000명 이상의 조선인이 강제로 동원된 것으로 추산된다.

이들 대부분은 일본 내 탄광 등에서 일하다 남양군도로 전환 배치된 경우가 많았다. 노동 강도는 극심했고, 언어도 문화도 전혀 통하지 않는 섬에서, 제대로 된 식량이나 의료지원도 없이 중노동에 시달려야 했다. 사이판 내 마루피 해안, 티니안의 군 비행장 건설 현장 등은 조선인 징용자들의 주요 작업장이었다.

한 생존자 증언에 따르면, "밤에도 수시로 경계 사이렌이 울리고, 미국 비행기의 폭격에 대피하다 다시 포대를 쌓는 일이 반복됐다."고 한다. 이들은 일본군의 부속품처럼 취급되었고, 전투 막바지에는 무기 없이 전선에 투입되거나, '죽음을 택하라'는 명령을 받고 자살을 강요받기도 했다.

남양군도, 잊힌 강제징용의 흔적을 찾아서

2000년대 들어 한국 공영방송과 일부 언론들이 이들의 삶을 조명하기 시작하면서, 조선인 강제 징용자들의 존재가 조금씩 알려지게 되었다. 예를 들어 KBS 다큐멘터리 '잊혀진 섬의 조선인들'(2006)에서 사이판과 티니안에 거주 중인 조선인 후손들을 인터뷰하며, 강제 동원의 구체적 실태와 후손들의 삶을 고스란히 담아냈다.

사이판, 팔라우섬 등을 비롯한 태평양 서북부의 '남양군도'. 일제강점기 이 섬들은 단순한 남국의 섬이 아니었다. 전쟁을 준비하던 일본이 군사 요충지로 삼았고, 그 과정에서 수많은 조선인이 강제로 끌려가 피땀 어린 노동에 시달린 땅이었다.

일제의 침략전쟁이 본격화되던 1939년부터 약 3년 동안, 최소 5천여 명의 조선인이 이곳 남양군도로 강제 징용되었다는 사실이 최근 정부 차원의 공식 조사로 확인되었다. 당시 일본이 남양군도를 통치하던 시절, 그곳의 인구통계를 조사한 결과, 조선인 수가 매년 천여 명 이상 증가한 기록이 남아있었다. 이는 곧 강제 징용된 조선인의 수와 그 이동을 뒷받침하는 중요한 단서다.

이들이 징용된 주요 목적은 군사시설 건설과 사탕수수 재배 같은 전시 노동이었다. 활주로를 닦고, 정글을 밀어내며, 군사기지를 만들던 조선인들은 혹독한 더위와 심각한 영양 결핍, 그리고 전쟁이라는 재앙적 상황 속에서 매일 같이 죽음의 경계를 오갔다. 이들 가운데 무려 60%가 살아서 조국으로 돌아오지 못했다는 충격적인 추정치가 조사 위원회에 의해 제시되었다.

해방이 찾아온 뒤에도, 그 땅에 남겨진 조선인들은 쉽게 귀국할 수 없었다. 일부 생존자들은 해방 이듬해인 1946년에야 비로소 고국으로 돌아올 수 있었다. 그러나 그들에게 남은 것은 고향에 대한 그리움과 너무나 깊게 각인된 고통의 기억뿐이었다.

하지만 이번 조사는 1942년 이후의 자료가 제외되어 있다는 한계도 드러난다. 강제 동원 피해 진상규명위원회는 "가장 수탈이 극심했던 시기, 즉 전쟁이 본격화된 이후의 상황은 여전히 어둠 속에 있다."며, 보다 광범위하고 심층적인 진상 규명의 필요성을 강조했다.

이제는 우리가, 그들이 버텨낸 침묵의 세월을 들여다볼 시간이다. 남양군도의 정글 속, 허물어진 비행장과 폐허가 된 병영들은 여전히 그날의 흔적을 고요히 증언하고 있다. 그 침묵 속에는 피와 땀, 그리고 아직 끝나지 않은 역사적 진실이 숨겨져 있다.

1943년까지 남양군도에 강제 동원된 조선인의 수는 확인된 것만 약 9,146명. 그러나 이 중 상당수가 전투와 굶주림, 질병으로 사망했고, 그 사망률은 해외 강제징용 지역 중 최고 수준으로 기록된다.

귀향 없는 귀환

그나마 생존해 돌아온 사람들조차 빈손이었다. 약속된 자작농 땅도, 저축한 돈도 없이, 미군이 나눠준 담요와 치약, 수건만이 전부였다. 한 생존자는 "일주일을 앉지도, 눕지도 못할 정도로 매를 맞았다."고 회상했고, 어떤 이는 굶주림에 풀과 벌레는 물론, 정체 모를 고기까지 입에 넣어야 했다고 증언했다. 심지어 인육을 먹게 되는 비극적인 사건까지 벌어졌다.

여성들 역시 예외가 아니었다. 가족과 동행한 조선인 여성들은 일본군에게 납치돼 성노예로 끌려가는 사례가 비일비재했다. 고립된 섬, 도망칠 길 없는 전장에서 그들은 차마 입 밖에 낼 수 없는 고통을 감내해야 했다.

돌아가지 못한 사람들, 낯선 섬에 남겨져

1944년 7월, 사이판 전투에서 일본군이 패배하고 미국이 섬을 점령하면서, 전투에 동원됐던 조선인들 다수는 미군의 포로가 되었다. 그러나 이들 대부분은 명확한 신분 확인이 어려웠고, 조선이 해방되기 전이었기에 '일본군 포로'로 분류되었다.

사이판, 티니안 현지에 남은 조선인들 다수는 "해방 후에 조국으로 돌아갈 수 있다."는 말을 믿고 귀국을 기다렸지만, 이들을 위한 귀환선은 오지 않았다. 일본인 귀국은 전후 비교적 빠르게 이루어졌지만, 조선인들은 행정상 어디에도 속하지 않는 존재로 남았기 때문이다.

결국 일부는 현지 원주민과 결혼하거나, 조선인끼리 공동체를 형성하며 그 땅에 눌러앉게 되었다. 본인의 정체성을 유지하며 살아가는 경우도 있었지만, 많은 이들이 생존을 위해 이름을 일본식 또는 영어식으로 바꾸고 조선인이라는 사실을 숨긴 채 살아야 했다.

전쟁 후의 섬, 후손들의 삶

이들의 자녀 세대는 대부분 영어와 차모로어(현지어)를 사용하며 자랐고, 조선어는 기억 속에서 점차 사라져갔다. 최근까지도 한국 정부나 민간단체와의 교류는 거의 없었고, 자신이 조선인의 후손임을 알고 있는 이들조차 한국과 연결된 삶을 살기는 쉽지 않았다.

한 방송 보도에 따르면, 티니안섬에 거주 중인 박씨 성을 가진 남성은 "조부모님은 조선에서 왔다고 들었지만, 한국어도 모르고 한국에 가족이 있는지도 모른다."고 증언했다. 그는 자신의 뿌리를 알고 싶어 하지만, 정보를 찾을 길이 없다.

이런 사례는 하나둘이 아니다. 최근까지도 사이판이나 티니안에서 "혹시 내 할아버지를 아느냐?", "우리 가족을 찾아줄 수 있나?"는 요청을 받았다는 한국 방문자들의 증언이 이어지고 있다. 이들은 자신이 강제 징용자의 후손임을 알고 있지만, 기록은 희박하고, 조국은 멀기만 하다.

민족문제연구소 자료에 따르면 일본 정부 공식 문서를 기반으로 조사된 결과, 남양군도 지역으로 강제 동원된 조선인 노동자는 5,800명에 이른다고 한다.

이 외에도 광복절 특집 다큐멘터리 등을 통해 남양군도 현장의 비극적 역사—고열, 질병, 폭격, 극심한 영양 고갈로 인한 사망률 약 65% 등—를 전하고 있다

한편, 당시 미군이 촬영한 사이판 전투 영상에는 조선인 노동자들이 일본군의 잔당으로 몰려 처형되는 모습도 일부 등장한다. 일본군은 이들을 '군속' 혹은 '노무자'라 칭하며 전선에 내몰았고, 생존자조차 끝내 조국으로 돌아가지 못했다.

사이판의 한 현지인 증언에 따르면, "전쟁 직후, 정글에 숨어 있던 동양인 청년들을 미군이 포로로 데려간 적이 있었고, 그들이 조선 사람이라는 것을 나중에 알았다."고 한다. 누군가는 목숨을 건 귀국을 시도했지만, 다수는 섬에 남을 수밖에 없었다.

역사 복원의 시작, 그리고 과제

현재까지도 남양군도 강제 동원 피해자 및 그 후손에 대한 한국 정부 차원의 실태조사나 보상은 이뤄지지 않고 있다. 일부 학자와 시민단체가 주도해 이들의 삶을 조사하고 기록하고 있지만, 보다 본격적인 접근이 필요한 시점이다.

최근에는 '태평양 잔류 조선인 후손 실태조사 프로젝트'가 민간 주도로 논의되고 있으며, 조선인 강제 동원의 전체 규모와 이동 경로, 후손들의 거주지 등을 파악하려는 시도가 이어지고 있다.

남양군도는 단지 군사적 격전지였던 공간이 아니다. 그것은 식민지 조선인의 노동과 고통이 스며든 역사적 장소이며, 그 상흔은 지금도 살아있는 후손들의 존재를 통해 이어지고 있다.

잊혀진 섬, 티니안에 남겨진 한인 얼굴들

전쟁의 상처에서 문화의 뿌리로, 조선인 후손들이 살아가는 섬

태평양 한가운데, 사이판에서 비행기로 10분 거리에 위치한 작고 고요한 섬 티니안. 북마리아나 제도에 속한 이 섬은 면적 100㎢에 불과하지만, 20세기 인류사의 가장 비극적인 한 장면과 연결되어 있다. 이곳은 1945년 8월 히로시마에 투하된 원자폭탄 '리틀보이'를 실은 B-29 폭격기가 출발한 장소다. 지금도 당시 활주로와 원폭 탑재 장소가 원형 그대로 남아있어 전쟁의 상흔을 고스란히 전해준다.

끌려온 사람들, 남겨진 뿌리

이들이 이곳에 머물게 된 것은 우연이 아니었다. 일제강점기 말기, 일본은 티니안을 전략 요충지로 개발하며 대규모 노동력이 필요했고, 그 공백을 조선인 강제징용으로 채웠다. 1944년 미군이 섬을 점령하기 직전, 이곳에는 일본인 약 1만 5천 명과 함께 3천 명 이상의 조선인 징용자들이 있었다.

이들은 비행장 건설, 농장 개간, 군사시설 구축 등에 동원되었으며, 전쟁이 격화되면서 총알받이로도 전락했다. 티니안의 고지대에는 지금도 '아이고 다리'라 불리는 노동 현장이 있다. 그러나 아이러니하게도, 그들이 피땀 흘려 만든 활주로에서 미군의 B29 폭격기가 이륙하여 히로시마, 나가사키에 인류 최초의 원폭을 투하토록 한 역사적인 곳이다.

1941년 티니안섬의 사탕수수 농장에서 일하던 한국인은 44년 초부터 현지 비행장 건설 공사장에서 활주로를 닦고 폭탄 나르는 일을 했다. 당국에서 농장을 닫고 소속 노동자들을 비행장 건설에 동원했기 때문이다. 그는 비행장에서 일하다가 미군 공습을 당하여 부상을 입었으나 치료를 받지 못했다. 일본 부대에서 군인들도 죽어가는데 민간인을 돌볼 여유가 없다며 차료를 거부했다. 45년 전쟁이 끝나고 미군 수용소에 갔을 때 치료는 받았지만 이미 시기를 놓쳐 그해 가을 결국 사망하고 말았다.

섬이 미군의 손에 넘어갈 무렵, 일본군은 조선인들이 연합군과 내통할 것을 두려워했다. 그 결과, 많은 조선인 징용자들이 학살당하거나 절벽에서 자살을 강요받았다. 이들이 몸을 던졌던 곳은 지금도 '자살절벽'이라는 이름으로 남아있다.

정글의 생존자들, 새로운 삶을 선택하다

운 좋게 살아남은 일부 조선인들은 섬의 원주민 차모로족의 도움으로 정글에 숨어 지냈다. 차모로족은 굶주림과 질병에 시달리던 조선인들에게 음식을 나누며 생명을 지켜주었다. 전쟁이 끝난 후, 약 2,500명의 조선인 생존자들이 미군에 협력했고, 그중 일부는 조국으로 돌아갔지만, 또 다른 일부는 이곳에 남아 새로운 삶을 선택했다.

이들은 차모로족 여성과 가정을 이루었고, 자녀를 낳았으며, 세대를 이어갔다. 그 후손들은 한국계라는 뿌리를 기억하며 살아가고 있다. 이들의 성은 King, Sing, Choi 등인데, 조부나 증조부의 성인 김, 신, 최를 따온 것이라고 한다. 이름은 변형됐지만 뿌리는 변하지 않았다.

이들은 단지 외모만 닮은 것이 아니다. 섬의 마트에는 쌀 포대가 쌓여 있고, 김치와 된장, 쌈장이 일상 속에 자리 잡고 있다. 이 섬에선 한국식 계란말이와 시금치나물을 맛볼 수 있으며, 매운 고추 먹기 대회도 열릴 정도다.

2차 세계대전 막바지 일부 조선인들은 강제로 티니안섬에 끌려와서 전쟁 노동자와 전투병으로 착취당했으며, 현재 이 섬의 40%를 차지하기도 했던 이분들은 당시 끌려온 일제강점기 조선인 강제 징용자의 후손이다.

이들은 부모 세대로부터 들어서 그 한을 아는지 티니안을 방문한 일본인들은 박대하고 마트나 간이식당에서 음식을 사면 밖으로 나가서 먹으라고 한다. 하지만 한국인 방문객들에겐 환대하며 무어라도 하나 더 집어주며 호의를 베푼다고 하니 '피는 물보다 진하다'는 말이 새삼 떠오르게 한다.

조국을 위한 마지막 기도

1944년, 조선인 대표 이춘재는 티니안에서 미국 루즈벨트 대통령에게 편지를 보냈다. 자신들의 충성과 헌신을 표현하며, 666.35달러의 성금을 조국의 독립과 미국의 승전을 위해 기탁한 것이다. 이 서신은 지금도 미국 국립 기록물로 보관되어 있다. 이들은 하루하루 미군을 위해 일하며 번 푼돈을 모아, 조국과 자유를 위한 헌금으로 바쳤다.

사이판과 티니안, 팔라우… 그 이름은 이제 단순한 섬의 지명이 아니다. 태평양의 뜨거운 바다에 스러진 조선인들의 한(恨)이 응축된 기억의 장소. 일본군의 총알받이로, 공습의 희생양으로, 군속이자 노무자로 살다 간 이들의 역사는 그 누구도 한 줄 제대로 써주지 않았다.

하지만 그들의 이야기는 잊히지 않았다. 티니안섬에는 지금도 위령비가 세워져 있고, 매년 그 후손들이 모여 제를 올린다. 위령비에는 "천하대장군, 지하여장군"이라는 글자가 새겨진 장승이 자리 잡고 있다. 조국을 그리워하던 조상들의 넋이 아직 그곳을 지키고 있는 듯하다.

대구대학교는 올해 광복 80주년을 맞아, 일제강점기 사이판과 티니안에서 희생된 동포를 추모하는 '성산 리더십 프로그램'을 운영했다. 대학 총장을 비롯한 학생과 교직원 38명은 3박 4일 동안 현지를 방문해 사이판의 '태평양한국인추념평화탑'과 티니안의 '평화기원한국인위령비' 앞에서 묵념하고 추모제를 열었다. 사이판과 티니안은 제2차 세계대전 당시 미·일 격전지였으며, 군사기지와 활주로 건설에 강제징용된 수많은 한국인이 목숨을 잃었다. 이 비극은 전쟁이 끝난 뒤 30년이 지나서야 알려졌다.

1975년, 대구대 설립자 고(故) 이영식 목사가 교육기관 설립 준비로 현지를 방문했다가, 티니안 정글 속에 한국인 유해가 묻혀 있다는 소식을 듣고 직접 수습에 나섰다. 그는 '조선인지묘'라 새겨진 묘비와 합장묘 3기를 발견했고, 이듬해 '태평양 지역 무명 한국인 희생자 영령 봉환 추진위원회' 결성이 이어졌다.

1977년, 유해는 천안 망향의 동산에 안장됐다. 대구대는 설립자의 뜻을 이어 2016년 개교 60주년을 기념해 사이판에 추모비를 세웠다. 이번 방문에서 학생들은 일본군 최후 사령부 등 역사 현장을 둘러보며 숨겨진 아픈 역사를 되새겼다. 대학 총장은 "성산 리더십 프로그램은 설립자의 숭고한 뜻을 전하고 계승하는 자리"라며 "대학의 새로운 도약을 이끌겠다."고 밝혔다.*

후손들의 정체성과 오늘의 티니안

오늘날 티니안에는 '맵고 똑똑한 DNA'를 지닌 후손들이 미국 명문대로 진학해 활약하고 있다. 티니안 한국문화원 성진호 원장은 "낙도 지역 우수 인재 전형으로 예일, 하버드로 진학한 후 미국 본토에 눌러사는 경우가 많아, 한때 10명 중 3~4명이었던 한국계 인구는 이제 1명 정도로 줄었다."고 말했다.

하지만 여전히 그들은 BTS의 음악에 맞춰 춤을 추고, 김장을 담그며 한국의 문화를 기억한다. 성 원장은 티니안과 사이판의 한국인 후손들을 위한 제2의 고국 방문 프로젝트를 추진하고 있으며, 언젠가는 이들이 다시 한국을 찾을 수 있기를 꿈꾸고 있다.

그들의 뿌리는 이제 섬에 깊게 뻗어 있지만, 그 뿌리가 어디서 왔는지 잊지 않는다는 사실이야말로 전쟁과 제국주의의 비극을 딛고 피어난 작은 기적이 아닐까.

---

* 매일신문 2025. 6. 25. 기사에서 발췌 정리

독일 광부, 간호사

독일로 간 광부
- 산업역군에서 유럽 한인 사회의 중심으로

1960~70년대, 실업난 해소와 외화 획득이라는 국가적 과제를 안고 한국 정부는 당시 서독과 협정(1963년 '한국 광부의 임시 고용 계획에 관한 한·독 정부 간 협정')을 체결해 대규모 노동력을 파견했다. 그중 하나가 바로 '파독 광부'였다. 정부 차원의 계획으로 체계적 선발과 교육을 거쳐 파견된 이들은 서독의 석탄광인 지하 1,000m가 넘는 막장에서 고된 노동에 투입되었다.

파견된 광부는 1963년부터 1977년까지 약 8,000명에 근접하며, 대부분 고졸 이상의 고학력자들이었다. 경쟁이 치열했던 탓에 학력 높은 이들이 더 유리했고, 실제로는 대학까지 나온 이들도 많았다. 이들은 전형 심사에서 손에 연탄 가루를 묻히는 등 육체노동에 익숙한 모습을 일부러 연출하기도 했다. 그럼에도 불구하고 이들 고학력 광부들은 독일 생활에 잘 적응했고, 파견 기간 이후에는 기술이나 학력을 활용해 다른 직종으로 전직하거나 독일 현지에 정착하는 경우도 많았다.

이들이 일해야 했던 독일 광산업계는 만성적인 인력 부족을 겪고 있었다. 이는 한국의 경제 성장기 실업 문제와 맞물려 서로의 필요가 절묘하게 맞아떨어진 결과였다.

파독 광부는 평균 600마르크의 월급을 받았고, 독일의 선진적인 노동 환경에 감탄했다. 감기나 배탈이 나도 80%의 임금을 보장받았고, 손가락 하나 다쳐도 공상 처리되어 100% 임금을 받는 등 독일과 한국의 노동 환경은 차원이 달랐다. 이처럼 파독 광부들은 단순히 외화벌이에 그치지 않고, 한국 사회가 외국인 노동자 처우를 어떻게 해야 하는지에 대한 기준과 교훈을 남겼다.

당시 독일 사회는 외국인 노동자에 대해 비교적 모범적인 대접을 한 것으로 평가된다. 한국인 광부들은 독일인과 같은 급여 체계를 따랐고, 차별이나 박해도 적은 편이었다. 이는 한국인들의 준법정신과 책임감 있는 자세 덕분이기도 했다. "우리는 한국을 대표하는 사람들"이라는 의식이 강했고, 사소한 행동 하나에도 조심스러웠다. 외출할 때조차 단정한 정장을 입는 등 현지인들에게 좋은 인상을 남기려는 노력도 게을리하지 않았다.

그러나 이들의 삶이 마냥 평탄했던 것만은 아니었다. 1963~1979년 사이 독일에서 사망한 광부 65명 중, 27명은 작업 중 사망했고 4명은 자살로 생을 마감했다. 그만큼 현장 환경은 열악했고, 심리적 압박도 컸다. 더욱이 귀국 후 재취업 문제나 사회적 냉대, 루머 등으로 명예가 실추되기도 했다.

박정희 대통령이 독일을 방문해 "자손들에게 이런 고생을 물려주지 말자."고 위로했지만, 당시 약속했던 재취업 지원 등은 제대로 이행되지 않아 안타까움을 남겼다.

그럼에도 불구하고 60% 이상의 파독 광부들은 독일에 남아 유럽 한인 사회의 중추로 자리 잡았다. 또 많은 이들이 독일인 배우자와 함께 귀국해 남해군에 정착, '남해 독일마을'을 형성했다. 이 마을에는 독일식 주택과 광장, 문화 행사가 어우러져 파독 역사의 산 증거가 되고 있다.

2020년에는 이들을 위한 법률인 「파독 광부·간호사·간호조무사에 대한 지원 및 기념사업에 관한 법률」이 제정되었고, 2023년에는 독일 국적법 개정으로 67세 이상 파독 근로자는 어학증명 없이도 국적 취득이 가능하게 되었다. 산업화의 이면에서 묵묵히 헌신했던 이들의 역사는 이제 한국 현대사에서 빼놓을 수 없는 한 페이지가 되었다.

태극기를 흔들며, 가난을 떠나는 이들

1963년 12월 21일, 서울 김포공항은 개항 이래 유례없는 인파로 북적였다. 그날 공항에 모인 사람들은 단순한 여행객이나 외국 귀빈을 배웅하는 것이 아니었다. '국가의 명령'도 아닌, '자신의 인생을 건 결정'을 내리고 독일 땅으로 향하는 젊은이들이 공항에 나서고 있었고, 그들의 뒷모습을 끝내 떼어놓지 못하는 가족과 친구들이 눈물로 배웅하고 있었다.

한때는 막노동, 이발소, 공사장 등을 전전하며 하루 벌어 하루를 연명했던 젊은이들이었다. 그들에게 '파독'이라는 단어는 단순한 외국 취업이 아닌, 가난을 탈출하기 위한 '단 한 번의 기회'였다. 처음 접한 모집 공고는 당시 보건사회부 장관 명의로 발표된 공식 문서였다. 서독 광산에서 일할 한국인 광부를 모집한다는 이 공고는 전국을 떠들썩하게 만들었다. 파견지 서독, 월급 160달러. 당시 5급 공무원의 7배에 달하는 고액 연봉. 조건은 20세에서 35세, 국내 광산 근무 경력이 필수였다. 문제는 그 '경력'을 허위로라도 만들어야만 했다는 현실이었다. 광산을 '구경조차 해 보지 못한' 이들도, 지인을 통해 허위 경력 증명서를 구해 제출하곤 했다.

경쟁률은 15:1. 면접 과정에서는 손바닥을 들여다보며 "이 손으론 안 된다."는 판정을 받기도 했다. 그래서 손을 거칠게 만들기 위해 모래를 비비며 갈았고, 면접장에서는 60kg짜리 모래 자루를 번쩍 들어 올리기도 했다. 합격자 발표가 나던 날, 가족들은 울었고, 합격자는 웃었다. 하지만 그 웃음은 이내 비장한 각오로 바뀌었다. 그들은 떠나기 전부터 알고 있었다.

'죽어야 돌아올 수도 있다'는 사실을.

그렇게 253명의 광부가 김포공항에 모였다. 모두가 태극기를 흔들었고, 애써 눈물을 감춘 채 이틀이 넘는 긴 여정을 시작했다. 직항편이 없던 시절, 일본을 경유해 프랑크푸르트로, 다시 루르 지방의 광산촌으로. 낯선 길은 낯선 공기로 가득했다. 그리고 그들을 기다리고 있던 것은 '지하 천 미터의 검은 세계'였다.

검은 막장 속 "살아서 돌아오라", "굴리크 아우프"

독일에 도착한 광부들은 회사별로 분산되어 각자의 탄광으로 배치되었다. 이들 앞에 펼쳐진 세계는 단순한 노동이 아니라 목숨을 건 생존의 현장이었다. 무엇보다도 이들에게 가장 먼저 각인된 장면은 광산 입구 옥상에 매달린 거대한 회전 바퀴였다. 엘리베이터를 지하로 내려보내는 이 바퀴가 움직이면, 그날의 작업이 시작된다는 신호였다.

지하 1천m 향해 급강하하는 엘리베이터. 한국에서는 상상조차 할수 없는 속도의 수직 강하에, 처음에는 오줌을 지릴 만큼 무서웠다는 회고가 이어졌다. 엘리베이터에서 내리면 다시 수평 갱도 차를 타고 3~4㎞를 이동해 막장에 도달해야 했다. 독일 광산은 터널식 연결망으로 정교하게 설계되어 있었지만, 그 구조는 한국인 노동자들에겐 새로운 고통이었다. 기계화된 설비는 작업 효율을 높였지만, 독일인 체격에 맞춰진 장비는 왜소한 한국인들에게는 그 자체로 위협이었다.

이들은 하루 종일 허리를 펼 수조차 없는 통로에서 80kg의 통발을 들며 일했다. 중노동의 연속이었고, 실수 하나가 생명을 앗아가는 상황이 벌어지곤 했다. "나는 오늘도 살았구나." 하루를 무사히 마치고 지상으로 올라오며 내뱉는 그 말은 단순한 감상이 아니었다. 죽음은 언제나 눈앞에 있었고, 생존은 결코 당연한 것이 아니었다.

그래서 그들은 서로 만날 때마다 한마디 인사를 반복했다. "굴리크 아우프(Glück auf)." 이는 독일 광산에서 일하는 이들만이 쓰는 인사 말로, "살아서 돌아오자."는 뜻이다. 이 말에는 피와 땀, 그리고 절박한 생존의 의지가 녹아 있었다.

가난의 무게, 그리고 조국으로의 송금

그토록 위험하고 고된 일을 하면서도 이들이 매달렸던 이유는 단 하나였다. 가족. 그리고 '돈'이었다. 한국의 부모, 형제, 자녀들에게 단

하루라도 풍족한 식사를 하게 해주고 싶었다. 광부들은 자신의 수입의 70% 이상을 고국에 송금했다. 때로는 900마르크, 즉 240달러에 이르는 거액을 보냈다. 이는 당시 1인당 국민소득이 한 해 78달러였던 대한민국의 현실에 비추어, 상상조차 할 수 없는 액수였다.

송금된 외화는 가정의 생계만 살린 것이 아니었다. 국가 경제에도 결정적인 영향을 미쳤다. 이들이 보낸 돈은 연간 수출액의 약 2%에 해당했다. 그 어떤 무역보다 효과적인 '외화 수출'이었다. 하지만 그 대가는 누구보다 처절했다. 돌무더기에 깔려 손가락을 절단한 이도 있었고, 막장 사고로 동료를 눈앞에서 잃은 이도 있었다. 그날을 기록한 이들은 "피눈물도 모자라 뼈눈물이 난다."고 표현했다.

귀환, 정착, 그리고 그 후의 삶

독일로 떠난 이들은 당초 3년 계약이었다. 하지만 그중 30%가 독일에 남았다. 이유는 다양했다. 광산 회사의 계약 연장, 독일인과의 결혼, 혹은 한국에서의 재출발이 두려웠기 때문이었다. 이들은 독일 사회에 깊숙이 뿌리내렸다. 자녀를 낳고 교육을 시키며 한인 2세들을 위한 공동체를 형성했다. 간호사와 결혼한 광부는 정착이 쉬웠고, 어떤 이들은 미국이나 캐나다 등지로 이주했다.

독일 남편과 재혼한 간호사는 "60살이 넘으니 부모님 생각이 더 간절하다."고 고백했다. 독일에서 가족과 함께 잘살고 있어도, 마음의 빈자리는 끝내 사라지지 않았다. 그래서 이들은 한국에 '독일마을'을 조성했다. 독일 정착 후 귀국한 파독 광부와 간호사들만이 집을 지을 수 있는 마을이다. 그곳에서 김치를 담고, 마늘을 마음껏 먹으며 비로소 편안함을 느꼈다.

지금도 독일에는 파독 1세대의 자취가 곳곳에 남아있다. 독일에서 태어난 2세들은 다큐멘터리를 제작하며 부모 세대의 삶을 묻는다. "왜 이 땅에 오셨나요?" 부모는 말없이 사진첩을 꺼내고, 손때 묻은 노트를 펼쳐 보인다. 그 속엔 '돈이 없던 시대', '절망 속에서 건너간 바다', 그리고 '굴리크 아우프'라는 인사가 기록되어 있다.

광산 입구에 걸려 있던 그 말. "살아서 돌아오자."

그것은 단지 독일 땅에서의 생존을 위한 말이 아니었다.

그들은 고국을 위한 생존자였고, 시대를 버틴 영웅이었다.

대한민국 최초 해외 인력수출, 그 두 번째 이야기

독일로 파견된 또 다른 대표적 직군은 간호사와 간호조무사였다. 파독 광부와는 달리 이들의 파견은 1960년대 이전, 즉 1950년대부터 민간 차원에서 먼저 시작되었다. 서독이 전후 고도성장을 이루면서 간호 인력 부족이 심화되자, 독일에 거주하던 한국계 의사들과 종교인들의 주선으로 일부 간호사들이 마인츠 대학병원 등을 통해 서독에 진출하기 시작한 것이다.

그러나 정부 차원의 간호사 파견은 1966년부터 시작되었으며, 1969년에는 독일 병원협회와의 협정을 통해 본격화되었다. 초기에는 주독 대사관조차도 간호사 파송을 반대할 정도로 미온적이었으나, 이수길 박사 등 민간 전문가들의 노력으로 방향이 전환되었다. 한국해외개발

공사가 간호사 송출 업무를 위탁받고, 협정 체결을 통해 체계적인 송출이 가능해진 것이다.

파독 간호사 파견은 1972년을 정점으로 점차 줄어들었는데, 주요 원인은 계약 기간 중 이탈 사례가 늘고 미국·캐나다 등으로 이민 가는 간호사들이 많아졌기 때문이다. 또한 의료 인력 유출이 국내 병원 인력 공백을 초래한다는 우려도 커졌다. 결국 서독 정부의 외국인 노동력 도입 중지 방침에 따라, 간호 인력의 파견은 1976년을 끝으로 중단되었다.

공식 통계에 따르면 1963~1977년까지 서독에 파견된 간호 요원은 11,057명이다. 그중에는 정부 협정 이외에 민간 알선으로 간 이들도 상당수 포함된다. 1963년 이전 민간 송출 간호사까지 포함하면 총 숫자는 더 늘어날 수 있다.

이들의 업무는 기본 간호가 중심이었다. 대소변을 치우고, 식사 수발을 들고, 청소를 도맡는 등 지금의 전문 간호 행위와는 다른 단순하고 힘든 작업이었다. 독일 간호 현장에서 받는 차별과 무시는 상상 이상이었고, 심지어 동료 간호사나 환자들로부터도 멸시당하는 경우가 많았다.

간호사, 낯선 병원에서의 헌신과 눈물

당시에 광부들보다 더 많은 이들이 독일 땅을 밟았던 게 여성 간호사들이었다. 그들 역시 가족을 위해, 가난을 이겨내기 위해 짐을 꾸렸다. 떠나는 날, 어머니는 눈물을 흘렸고 아이들은 말없이 손을 흔들었다. 공항에서 끝내 참지 못하고 울음을 터뜨린 이는 간호사들이었다.

한복을 곱게 차려입고 독일 땅에 내린 이들은, 스스로를 자랑스러운 전문 인력이라 여겼다. 하지만 현실은 혹독했다. 가장 큰 장벽은 언어였다. 급한 상황에서 의사의 지시를 이해하지 못해 환자를 잃을 뻔했던 기억은 지금도 생생하다. 처음 몇 달은 매일 밤 울며 지냈고, 향수병으로 병원 진단까지 받았다. 그래도 이들은 해냈다. 몇 개월 만에 독일어를 익히고, 간호와 간병을 모두 도맡았다.

한 간호사는 이렇게 회상했다. "사람이 죽으면 입에 의치를 넣어줘야 했는데, 잘못해서 다른 사람의 걸 넣고는 안 맞아서 큰일 날 뻔했어요." 그런 실수조차 감내하며 이들은 환자를 끝까지 돌봤다. 한국에서의 환자 돌봄 시스템과 달라서 독일 병원에서 간호뿐 아니라 병동 정리, 환자 목욕, 시신 정리까지 모두 그들이 맡았다. 하지만 이들 덕분에 독일은 안정적인 의료 시스템을 유지할 수 있었다. 당시 독일 언론은 그들을 '천사'라 불렀다.

하얀 유니폼을 입은 외교관들 – 파독 간호사의 기록

1970년대 초, 독일 프랑크푸르트공항. 대한항공 소속의 비행기에서 내린 젊은 여성들이 주변의 시선을 끌었다. 긴장을 감추지 못한 표정, 단정한 옷차림, 손에 쥔 여권과 서류. 그들은 한국에서 간호사로 선발되어 독일 병원에 배치받으러 온 이들이었다. 화려한 환영식도, 미리 마련된 통역 안내도 없었다. 공항의 낯선 공기, 귀에 익지 않은 언어, 그리고 앞으로 자신이 겪게 될 삶에 대한 막연한 기대와 두려움만이 그들의 곁에 있었다.

빈국 한국, 의료 수출을 택하다

1960년대 대한민국은 절박했다. 전쟁의 폐허에서 벗어난 지 불과 십여 년, 국민의 절반 이상이 농업에 종사하던 빈곤국. 외화는 바닥을 보였고, 해외 차관 유치는 고금리로 인해 한계에 다다랐다. 이에 정부는 이른바 '해외 인력수출' 정책을 밀어붙였다. 인적 자원을 기반으로 외화를 벌어들일 수 있는 가장 현실적인 선택이었다.

이 전략 속에 파견된 대표 직종이 바로 광부와 간호사였다. 광부가 독일의 지하에서 석탄을 캐며 노동력을 제공했다면, 간호사들은 병원 병동에서 의료 서비스라는 고급 기술력을 제공했다. 그들은 단순한 근로자가 아니라, 대한민국의 이미지와 신뢰를 알리는 '보이지 않는 외교관'이었다.

국경을 넘은 꿈, 그러나 쉬운 길은 없었다

당시 한국 간호사 자격증을 가지고 있다고 해도 독일 병원에서 근무할 수 있는 조건은 까다로웠다. 무엇보다도 독일어 실력이 가장 큰 관건이었다. 단어 하나의 뜻을 잘못 알아듣는 순간, 환자의 생명과 직결될 수 있었기 때문이다. 그래서 정부는 파독 간호사를 위한 독일어 교육기관을 별도로 운영했고, 선발된 이들은 서울이나 부산 등지의 교육원에서 몇 개월간 독일어와 간호 용어, 기본 문화교육을 집중적으로 받았다.

일부는 간호대학을 갓 졸업한 20대 초반의 여성들이었고, 또 일부는 이미 국내 병원에서 수년간 일한 베테랑 간호사들이었다. 그러나 이들에게 공통된 하나는 '독일행'이 인생의 전환점이자 가족의 생계를 책임질 기회라는 점이었다. 그렇게 수백 명의 간호사가 독일로 향했고, 매년 수백 명씩 그 뒤를 이었다.

병동이라는 또 다른 전장

프랑크푸르트, 뮌헨, 베를린 등 독일 주요 도시의 종합병원이나 재활센터, 요양병원에서 한국 간호사들은 각자의 이름표를 달고 현장에 투입됐다. 병동에 들어선 순간부터 모든 것이 실전이었다. 환자 명단, 투약표, 환자 상태 기록지 등이 모두 독일어로 되어 있었다.

간호사는 단지 주사나 약을 전달하는 역할이 아니었다. 각 환자의 증상을 세심하게 관찰하고, 수술 후 회복 상황을 평가하고, 보호자와 소통하며 의사와 협업해야 했다. 그런 환경 속에서 한국 간호사들은 스스로 독일어 능력을 높이고, 더 정확한 간호를 위해 부단히 공부했다. 수면은 항상 부족했고, 간혹 환자나 동료로부터 차별적 시선을 받기도 했다.

하지만 한국 간호사들의 근면성과 섬세함, 그리고 책임감은 곧 독일 병원 사회 내에서 큰 신뢰로 이어졌다. 시간이 지나면서 병원 내에서도 한국 간호사에 대한 평가가 높아졌고, 담당 부서를 맡는 중간 관리자급으로 성장하는 이들도 나타나기 시작했다.

편지 한 통, 눈물 두 방울

그러나 아무리 고된 병원 생활도, '그리움'보다 힘들지는 않았다. 하루 종일 바쁘게 돌아다니다가도, 병동을 마치고 기숙사로 돌아오는 밤

이면 조용히 눈물을 훔쳤다. 어린 동생을 두고 온 마음, 병중의 부모 소식을 듣고도 갈 수 없는 거리. 크리스마스에 병원에서 일하면서 귀국도 못 하는 자신을 탓하며 조용히 김치 한 조각으로 마음을 달래던 이들이었다.

편지를 쓰고 답장을 받는 데엔 한 달도 더 걸렸다. 때로는 가족의 사진 한 장이 가장 큰 위로였고, 고국 방송이 녹음된 테이프 하나가 동료들 모두의 소중한 보물이 되기도 했다.

교회나 성당은 이들의 유일한 안식처였다. 같은 처지의 파독 간호사들끼리 주말마다 모여서 예배를 드리고, 김밥을 싸서 나눠 먹고, 서로의 고충을 이야기하며 버텨냈다. 소박한 모임이었지만, 그 안에서 이들은 새로운 가족이 되어 서로를 지탱했다.

간호사, 민간 외교의 선두에

시간이 흐르며 독일 사회에서도 한국 간호사들의 존재는 점차 부각되기 시작했다. 환자들은 한국 간호사들이 더 정중하고 세심하다고 느꼈고, 병원 측도 이들의 전문성과 성실성을 높이 평가했다. 때로는 동료 독일 간호사보다 한국 간호사를 신뢰한다는 평가도 나왔다.

이러한 신뢰는 단지 병원에만 머무르지 않았다. 그들의 생활 태도, 주변과의 관계 맺음, 이웃에 대한 배려는 지역 사회 전반으로 퍼져 나갔다. 독일 이웃들은 "이 작은 동양 여성들은 어디에서 온 것인가?" 묻게 되었고, 그 질문의 답은 자연스레 "코리아(Korea)"가 되었다. 그들은 단지 외화를 버는 노동자가 아니었다. 매일 병동에서, 거리에서, 공동체에서 한국을 소개하는 살아있는 외교관이었다.

파독 간호사들이 보낸 송금액 역시 상당했다. 당시 일부 언론 보도나 발언에서는 1967년 파독 간호사들의 송금이 한국 상품 수출액의 35.9%, 무역외 수입의 30.6%에 달한다고 했지만, 과거사정리위원회의 공식 통계에 따르면 이는 과장된 수치로 보인다.

그러나 간호사들의 삶은 녹록지 않았다. 1963~1979년 사이, 독일에서 사망한 간호사 44명 중 19명이 자살이라는 통계는 당시 그들이 겪었던 심리적 고통과 외로움을 그대로 보여준다. 파견 이후 상당수는 계약을 연장하거나 독일에서 결혼 후 정착했으며, 독일 시민권을 취득한 이들도 많다.

그들이 벌어들인 건 외화만이 아니었다

한국 간호사들은 매달 꼬박꼬박 송금을 했다. 월급의 절반 이상은 한국으로 보냈다. 부모님의 병원비, 동생의 대학 등록금, 동네 후배의 책값까지도 이들의 손에서 나왔다. 당시 한국의 외화 사정은 열악했지만, 이 간호사들의 송금은 작지만 중요한 '국가 경제의 숨통'이었다.

그러나 그들이 진정으로 바란 것은 돈보다 가족의 삶이 나아지는 것, 그리고 자신이 무언가 해냈다는 존엄감이었다.

60년대 70년대 독일로 간 광부·간호사들의 결과물을 단지 경제적 측면으로만 편향되게 보아서는 아니 되리라 본다. 반세기 전부터 이들은 한국의 국제화와 세계화의 토대를 이미 마련하였다는 데 더 의미를 두어야 한다.

1960년대 간호사로 독일에 갔다가 3년 후 귀국한 황보수자는 독일 생활의 의미를 정리하기를 "6·25 전쟁을 겪으면서 갑작스레

밀려오는 서양 문물은 우리에게 낯설었고, 정체성 확립에도 혼란을 겪었습니다. 우리가 배운 전통적인 도덕 기준이 흔들리는 상황에서 어떻게 살아야 하는지 고민하는 때였습니다. 그러던 중 독일에 와서 직접 서양 생활을 접하게 되었는데 그들의 건실하고 근면한 생활에 많은 것을 보고, 느끼고, 배웠습니다."*

독일에서 일정 기간을 보낸 후 일부는 독일 내에서 계속 일하며 정착했고, 또 일부는 귀국해 간호대학 교수, 병원 관리자, 간호 교육자로 변신했다. 그들은 단순히 한 세대의 근로자가 아니라, 대한민국 간호 전문 인력의 역사를 만든 개척자들이었다.

이처럼 독일로 간 간호사들은 단순한 해외 파견 인력을 넘어, 한국 의료 인력의 글로벌화 초석이 되었고, 그들의 눈물과 헌신은 지금도 독일 곳곳에 흔적으로 남아있다. 남해 독일마을에 모여 산다는 파독 간호사들, 그리고 여전히 간호사란 직업에 자부심을 가지며 살아가는 이들의 이야기는 단지 역사적 사실을 넘어 인간적인 감동으로 다가온다,

흘러간 시간, 그러나 지워지지 않는 발자취

2025년 현재, 그 시절 독일로 간 파독 간호사들의 대부분은 은퇴하거나 노년의 삶을 살고 있다. 독일에 남은 이들은 노인회를 조직해 서로를 돌보며 살아가고 있고, 귀국한 이들은 잊히는 듯 보이지만 조용히 한국 사회 곳곳에서 선한 영향을 이어가고 있다.

정부와 지자체, 그리고 시민사회는 이제야 그들의 공헌을 다시 바라보고 있다. 한국 전쟁 이후 세계에서 가장 빠른 경제성장을 이룬 나라

* 독일로 간 광부·간호사/ 대한민국 역사박물관 한국현대사 연구총서 2/ 2014년에서

의 이면에는, 이렇게 보이지 않는 자리에서 '국가'라는 이름 아래 묵묵히 일했던 이들의 헌신이 있었다.

올해는 광복 80주년 맞이하는 뜻깊은 해이다. 신정부는 8월 15일 광화문 광장에서 대대적인 국민 행사를 가진다. 여기에는 애국지사와 독립 유공자를 비롯해 독일 광부, 간호사분들도 대한민국 산업역군의 유공자로 초대가 된다.

하얀 유니폼이 지닌 품격

파독 간호사. 하얀 유니폼을 입은 이름 없는 외교관들. 그들은 국경을 넘었고, 언어의 장벽을 넘었으며, 결국 편견마저 넘어섰다. 오직 '환자'라는 이름 앞에서 모든 이들과 동등하게 마주했고, 그 진심은 국적과 인종을 넘어 독일 사회 전체에 감동을 전했다. 그들이 흘린 땀방울은 외화로 환산되었고, 그들이 남긴 흔적은 한국이라는 이름을 새긴 하나의 문장으로 기억되었다.

이제는 우리가 그들을 불러야 할 때다. 이 땅의 또 다른 역사를 만든 사람들로, 대한민국을 외교적으로 처음 알린 시민으로, 그리고 삶을 다해 헌신했던 진짜 영웅으로.

오남술 광부 이야기 - 한 재독 광부의 회고*

"나는 독일로 간 광부였습니다."

---

* [근대역사 100년 그들의 증언] 오남술, 파독 광부의 인생- 영상물을 글로 재구성. KBS 목포 2022년 1월

광부라는 직업이 있다는 걸 처음 들었을 땐, 그냥 웃고 넘겼습니다.

그런데 어느 날 누가 그러더라고요. 독일에 가면 광부들이 도라이버 하나, 망치 하나만 들고 깨끗이 하얀 옷 입고 일한다고. 그래서 '아, 광부라는 게 저렇게 깔끔한 직업인가?' 하는 생각이 들었어요. 그러면서 친구한테 장난처럼 말했죠.

"그래, 광부 좋네. 야, 너도 가면 같이 가자."

정말 아무 생각 없이 했던 말이었는데…

그때 친구들이 그랬어요. 독일에서 하루 일하면 한국에서 쌀 한 가마니는 살 수 있다고. 장관급 월급이라는 말까지 했습니다. 그 정도로 그 시절 한국은 어려웠습니다.

제가 살던 해남은 시골이었고, 대부분이 농사짓고 살았어요. 고향 마을은 200호 정도 됐습니다. 그 당시로선 꽤 큰 시골 마을이었죠. 그런데 지금은 완전히 유령 마을이 되어버렸습니다. 죄다 도시로, 산업 전선으로 나가버렸거든요. 젊은 사람들은 하나같이 사라졌어요.

독일에 가게 된 동기는 단순하지 않았습니다. 그때 한국은 좀 암울했어요. 살기가 답답했습니다. 뭐 특별히 외국 가서 돈을 벌겠다거나 출세하겠다는 욕심이 있었던 건 아니에요.

그냥 한국에 사는 게 숨이 막혔습니다. 억압된 사회 속에서 벗어나고 싶었어요.

그런데 독일은… 제게 무척 선명한 이미지로 다가왔습니다. 많은 철학자, 음악가들이 나온 나라, 예술의 도시, 선진국. 정말 멋진 나라라고 생각했죠.

독일 광부로 가기 위한 조건이 있었어요. '광부 경험자'가 우선 조건이었습니다. 그런데 생각해 보세요. 광부 경험자가 그 당시에 얼마나 있었겠습니까? 대부분은 본래 광부가 아니었고, 다들 고졸 이상 학력이었어요.

건강한 사람들이 뽑혔죠. 독일도 좋아할 수밖에 없었어요. 고학력에 건강한 사람들, 신체검사도 다 통과했으니까요. 말하자면 '건강한 생산 인력'을 수출한 거였죠.

1977년 7월 25일, 저는 독일에 도착했습니다. 프랑스를 거쳐 들어왔어요.

독일에 막 도착하니까, 모든 게 부러웠습니다. 끝없이 펼쳐진 농장에서 트랙터 한 대가 사람도 없이 일하는 걸 보고는 감탄했어요. 씨 뿌리고 수확하고 모든 걸 혼자서 기계가 하더라고요. '선진국은 정말 선진국이구나' 했습니다. 그리고 정부에서 농업을 얼마나 보호하는지도 눈에 보였어요. 농부들에게 지원도 많이 해주고, 그러니 농부들이 잘 살 수밖에 없죠.

제가 배정된 곳은 노르트라인-베스트팔렌이라는 주, 독일 중부 지방이었습니다. 첫 근무지는 도르트문트 근처의 게아테라는 곳이었고, 숙소가 배정됐어요. 그 숙소는 예전 2차 세계대전 때 수용소로 쓰였다는 얘기를 들었습니다.

회사가 처음에는 식료품을 일시불로 다 주더라고요. 또 자기 조국으로 편지를 쓰라면서 종이도 주고요. 처음 받았던 큰 빵은 정말 충격이었어요. 우리는 '베개 빵'이라고 불렀습니다. 진짜 베개만큼 커서 도저히 먹을 수가 없었어요. 게다가 우리가 익숙하지 않은 냄새… 케첩 같은 냄새도 났고.

그리고 바로 광산에 투입되는 건 아니었어요. 한 달 동안 교육을 받았습니다. 기초적인 독일어 교육이었어요. 일을 하려면 의사소통이 되어야 하니까요.

한 달쯤 지나고 나서야 본격적으로 지하에 배치됐습니다. 지하 광산 생활은 정말 처참했습니다. 사람 사는 곳이 아니었어요. 그냥 석탄 속에서 몸을 굴리는 거였죠. 짐승처럼.

그래서 지하에서 오래 일할 수가 없어요. 하지만 실제 노동 시간은 그렇게 길진 않았어요. 여긴 철저히 8시간 노동이거든요.

문제는 지하의 온도였습니다. 지하에 들어가면 한겨울에도 땀이 뻘뻘 흘러요. 석탄 가루가 온몸에 묻어서 눈하고 입만 보이고, 1미터 앞 사람도 알아볼 수 없었죠. 그래서 사람 이름을 불러야 해요. 목소리만 듣고 누구인지 알아야 했어요.

그런데 참 이상한 건… 모두 흰옷을 입고 일한다는 거였어요. 석탄 광 속에 들어가면 금방 까매지는데도요. 그 이유는 사고 대비였어요. 검은 옷 입으면 광산 안에서 잘 안 보이잖아요. 그래서 눈에 잘 띄라고 하얀 옷을 입는 거였어요.

광산에는 몸 하나 간신히 들어가는 좁은 공간도 있었고, 거기서 무너지면 그대로 죽는 겁니다. 시신도 못 꺼내요. 기계를 잘못 다뤄서 죽는 경우도 있었고요.

그때 한국에서는 통닭에 맥주 한 잔이면 멋진 술자리였어요. 그걸 여기선 매일 먹을 수 있었어요. 가장 싼 음식이 통닭이랑 맥주였거든요. 구운 통닭, 싸게 먹을 수 있었고 맥주도 한 박스에 돈이 얼마 안 됐죠.

양배추로 김치를 담가 먹기도 했습니다. 한국 간호사들이 개발한 방법이었죠. 남자들이라 음식을 잘 못 하니까 어쩔 수 없었어요. 초대받은 간호사 집에 가서 얻어먹기도 하고, 교회에 가서도 한국 음식 얻어먹기도 하고, 그렇게 한국 음식이 그리웠습니다.

월급 받으면 제일 먼저 했던 게 은행 가서 저금통장 만드는 거였어요. 광산 수입이 다른 직장보다도 높았어요. 위험수당이 붙었기 때문이죠. 저는 생활비로 50마르크만 남겨놓고 나머지 1천 마르크, 많게는 1,500마르크씩 모두 고향으로 보냈어요. 그렇게 해서 한국에 외화를 많이 벌어들였죠. 우린 여기서 어렵게 살면서도, 번 돈은 전부 한국으로 송금했어요. 동생들, 조카들 학교 보내고, 1년 모으면 지방에는 아파트 한 채 살 수도 있었어요. 조금만 절약하면 가능했죠.

그런데 그 돈으로 사업하려는 사람들은 실패하는 경우가 많았어요. 장사도 안 해 본 사람들이 구멍가게라도 열겠다고 했다가 다 날려버리는 거죠. 형제들이 엉뚱한 사업에 투자해서 다 잃고, 뒤돌아보면 손에 남는 것도 없이 끝나는 경우도 있었습니다. 그런 친구들도 봤어요. 참 안타깝죠.

많은 사람이 고향에 돌아가려고 했어요. 저도 그랬습니다. 처음 독일 왔을 때는 임기 끝나면 꼭 한국으로 가야지 생각했어요. '여긴 도저히 살 곳이 아니야'라고 다짐했죠. 하지만 한국 갈 비행기도 없고, 현실적으로 돌아갈 수가 없었어요.

결국 독일에 머물게 됐죠.

그리고 막상 한국에 가도 살기가 쉽지 않았어요. 생활도, 문화도, 직장도 다 적응이 안 됐죠. 그에 비해 이곳 독일에 사는 우리 교포들은 말년이 꽤 편안합니다.

경제적으로 여유가 크진 않아도, 생활에 불편함은 없죠. 노년기에 근심 걱정 없이 지낼 수 있으니까요. 무엇보다도 이곳은 노동자를 철저히 보호하는 사회예요. 그게 정말 중요합니다.

노동자가 건강해야 나라가 건강하다는 걸 여기 와서야 절감했어요.

석숙자 수기 - 독일로 떠난 간호사의 기억*

나는 파독 간호사 한 사람으로서 1973년 독일로 향했던 석숙자라고 합니다. 수년간 독일에서 근무하고 은퇴한 후 사랑하는 조국에서 다시금 생활하기 위해 현재는 경상남도 남해군에 조성된 독일마을로 이주하여 살고 있습니다. 젊음을 함께 했던 독일에서의 생활을 되돌려 생각하려 하니 참으로 많은 생각이 머리를 스칩니다.

60년대 대한민국은 아직 보릿고개를 면하지 못하던 시절이었습니

* 파독 간호 평가사업 최종보고서. 국회의원 이애주 펴냄- 중에서

다. 그 가난을 딛고 일어서 보려고 독일로 떠난 우리나라 파독 간호사들은 여성의 사회진출에 있어서 선구자 역할을 했습니다.

1973년 독일로 갔을 때 저의 경우는 한 달 월급이 740마르크 였습니다. 여기서 기숙사비와 식사비 180마르크, 용돈 20마르크 제외하고 나머지 모두 한국으로 송금했습니다. 3년 계약으로 갔으므로 8시간 근무시간 외에도 우리는 밤 근무를 자청하여 야간 근무를 더하여 이 모두 한국으로 송금하였습니다.

처음에는 언어가 통하지 않아 바보 아닌 바보 노릇을 하기도 했습니다. 눈치로 대충 일을 하자니 어려움이 이만저만이 아니었습니다. '노력하는 자만이 승리한다'라는 결심으로 독일어 단어장을 가운 주머니에 넣어 다니면서 열심히 노력한 결과 친절한 간호사로 인정을 받으면서 각 근무처에 일을 하게 되었습니다. 그 결과 한국 간호사들은 3년 계약 후에도 독일 병원 측에서 연장 근무해 주길 원했습니다.

그 지역의 도시에 행사가 있을 때는 우리 고유의 의상 한복을 입고 참가해 한복의 아름다움을 칭찬받는 등 국위선양에도 일조를 했습니다. 70년대만 해도 독일인들이 대한민국이라는 나라 자체도 몰랐으며 동양인의 피부를 갖고 있으면 일본인이냐고 묻는 게 다반사였고 KOREA에서 왔다고 해도 어디 있는 나라인지 알지를 못했습니다.

아마도 1988년 서울올림픽이 대한민국을 외국인들에게 알려지게 된 큰 계기가 아닌가 생각합니다. 지금은 전기제품이나 핸드폰으로는 세계 1위로 달리는 우리나라이기 때문에 해외에 사는 교포들도 한국에 대한 자부심과 긍지를 가지고 어느 장소, 어느 누구에게라도 떳떳하게 우리나라를 이야기하고 그 옛날 약소국들의 서럽고 부끄럽던 일들이 지금은 웃으면서 이야기할 수 있는 시절이 왔습니다. 예를 들어 밤과 고사리를 즐겨 먹는 우리의 식생활에서 일어났던 에피소드가 있습니다.

그 당시 독일인들은 밤을 먹을 줄을 몰랐습니다. 밤은 소나 말들의 먹이였기 때문에 짐승들이 먹는 것을 우리가 맛있게 먹으니 가난한 나라에서 와서 저런 것도 먹는구나, 하고 업신여김을 당하는 일도 있었습니다. 고사리 또한 독일인에게 식용이 아니고 산에 나는 풀일 뿐이었습니다. 하지만 그 시절 밤이나 고사리가 한국에서는 얼마나 귀한 음식이었습니까? 이런 연유로 파독 간호사들은 너나 할 것 없이 산에서 고사리를 열심히 뜯어왔습니다. 얼마나 많이들 잘라 왔으면 어느 날 산림조합원이 도대체 그 풀을 무엇하려고 그렇게 많이 뜯어가느냐고 묻더군요. 갑자기 부끄럽고 창피한 생각이 들어서 토끼를 준다고 말했던 기억이 납니다.

이러한 문화적 차이에서 오는 여러 가지 어려움을 겪어야 했던 초창기 시절이었지만 우리들의 독일 마르크가 대한민국 경제부흥에 기초가 되었다고 들었을 때 우리들의 가슴속 깊이 서려 있는 응어리진 가난한 나라의 설움과 비참함에서 벗어났습니다. 또한 조국을 위해 우리가 작은 보탬이 되었다는 긍지와 자부심으로 독일에 사는 동안 부지런히 일했고 근검절약으로 독일인들에게 신뢰와 인정을 받는 한국 간호사로 살았습니다.

파독 간호사 중에는 나 자신을 위하기보다 가족부양 및 동생들의 학비를 벌기 위해 독일로 간 경우가 많이 있었습니다. 독일의 병원 시스템은 한국과 달리 간호사들이 환자의 모든 것을 보살펴야 합니다.

예를 들면 한국에서는 간병사들의 역할이 환자를 씻기고 옷을 입히고 밥을 먹이고 대소변 처치까지 하는 일들을 해야 하는 것입니다. 덩치가 큰 독일인들을 침대에서 휠체어로 옮기려면 여간 힘드는 일이 아닙니다, 세월이 지나 숙련이 되면 그것도 요령이 생기더군요. 또 밤 근무시간에 있었던 일로는 새벽 한두 시경 환자가 사망을 했을 경우에 사후 처리도 간호사가 다 했습니다.

지금은 병원들이 모두 현대식으로 지어져서 지하실에 시체 보관실이 있지 않습니까? 40년 전 독일은 다른 건물에 시체 보관실이 있었습니다. 겨울밤에 찬 바람이 불어오는데 시체를 끌고 가다가 시체가 들것에서 떨어졌다고 상상해 보십시오. 20대 어린 저희들은 이러한 어렵고 힘든 일들을 해내면서 독일에서 살았습니다. 그러다 보니 결혼 적령기를 놓치고 노처녀로 사는 간호사들이 적지 않았습니다. 물론 결혼을 포기하고 학업을 계속하여 성공한 경우들도 있습니다.

이제는 70~80대가 된 파독 간호사들의 손을 보면 손마디 마디마다 관절염이 없는 사람들이 없습니다, 저 역시 류마티스 관절염을 앓고 있습니다. 손가락 관절에서 열이 나고 모양이 뒤틀려져 보기가 흉합니다. 뿐만 아니라 건강상 일을 할 수 없어 오랜 세월 동안 병으로 지내는 본들도 있습니다. 연금이 적고 나이가 60~70대가 넘어 거동이 불편한데 5층 옥탑방에 세 들어 사는 분들도 있습니다. 한국에 휴가를 나오고 싶어도 형편이 어려워 오지 못하는 분들도 있습니다.

이 모든 일들이, 왜 이런 상황들이 일어나야만 했는지 생각해 봅니다. 너무나 가난했던 60년대 우리나라. 우리의 조국이 지금같이 잘 살고 부강했더라면 20대의 젊은 청춘들이 나라를 위해 한 가정을 위해 이렇게 희생이 되었겠습니까? 그들 중 일부는 성공을 했고 또 일부는 병들고 힘없고 돈도 없습니다. 힘들고 어려운 이들에게는 우리 대한민국 경제부흥에 초석이 되었던 파독 간호사들에게 보살핌의 손길을 보내야 하지 않을까요?

파독 간호사에 대한 평가가 모쪼록 다양한 각도에서 공정하게 이루어지길 바랍니다. 파독 간호사의 평가에만 그치지 말고 응어리진 가슴 속에 한을 품고 살아가는 파독 간호사들을 위한 실질적인 도움으로 이어지기를 간절히 바랍니다.

한국에 있는 동안 서로 독일 소식도 듣고 편안히 휴가를 보내고 갈 수도 있는 '파독 간호사 타운'과 같은 공간 마련을 한 예로 제안하면서 저의 이야기를 마치고자 합니다.
감사합니다.

해외 한인 입양인

필자의 형제 중에 해외 입양(미국)이 이루어 질뻔한 일이 있었다.

6남매 중 늦둥이 막내인 내가 태어나기 전 6.25 전쟁이 한창이었을 때 우리 가족은 강원도 원주 외할머니댁에서 임시 거주하였다. 당시 큰형은 중학교 2학년이었는데 휴교 중이고 하여 인근 미군 부대 근처에 자주 간 모양이었다. 한 날 한국인 인부와 미군 간 옥신각신하는 중 큰형이 중학생이 되어 2년간 배운 영어로 중간에서 통역 아닌 통역을 해주어 문제를 해소해 주었더니 미군 부대 측에서 자기네 부대에 와서 먹고 자고 통역도 하라고 제안이 들어와 그때부터 형은 소위 미군 부대 '하우스 보이'가 되었다. 부대는 보급 중대여서 먹을 게 없어 배를 곯았던 전쟁 시기에 형 덕분에 부모님과 형제들이 초콜릿, 비스킷, 통조림 등등 미제 식품으로 호식을 했다고 한다.

1년을 넘게 하우스 보이를 하던 중 미군 부대 대위가 전출하게 되어 귀국할 무렵 형을 양자로 입양해서 미국으로 데리고 가겠다고 어머니와 아버지께 제안을 하였다고 한다. 대위는 부인이 아이를 가지지 못한다는 걸 본국 병원에서 이미 판정을 받은 상태였다고 한다. 물론 형은 내심 양아들로 가려는 마음을 먹고 있었다고… 하지만 아버지는 물론 특히 어머니가 집안 장남을 근본도 모르는 백인 양아들로 수만 리 먼 미국 땅으로 보낸다는 게 말이 안 된다면서 극구 반대를 하고 형을 그 부대에서 데리고 나와 입양이 성사되질 못했다고 한다.

만일 형이 그 미군 장교 부부의 양아들로 미국으로 갔다면 대학도 나오고 나름 전문직에도 종사할 수 있었더라면 한국에서 몸으로 움직여 먹고 살고 고생하였던 형의 생애보다는 낫지 않았을까 하는 생각도 해 본다.

해외 입양의 역사

한국의 해외 입양은 1954년에 시작되어 70년에 가까운 역사를 가지고 있다.

당시 이승만 대통령은 미군과 한국 여성 사이에서 출생한 아동을 미국으로 보내도록 지시했다. 이는 한국 전쟁 직후 비용을 들이지 않고 아동복지를 해결하려는 시도였을 수도 있다. 하지만 이러한 방식은 점차 구조적으로 산업화로 진화됐다.

1954년 미국 의회에서 난민 구제법이 통과되면서 미국으로 한국의 전쟁고아와 혼혈아들이 입양되기 시작하였다. 이후 10만 명에 이르는 대다수의 전쟁고아와 혼혈아들이 미국으로 입양되었고 일부는 프랑스, 영국, 캐나다, 스칸디나비아로도 입양되었다.

1950~60년대에는 미국 전체 해외 입양 아동의 20%를 한국인 입양 아동들이 차지했고, 1976~81년에는 그 비율이 50%에까지 이르렀다. 1960년대 이후 더 이상 전쟁고아는 발생하지 않았으며 경제성장으로

인해 생활 여건이 개선됐음에도 불구하고, 한국 사회는 여전히 빈곤 가정과 미혼모의 자녀, 그리고 장애 아동들을 스스로 끌어안지 못하고 밖으로 내보내고 있었다.

해외 입양 1위 국이라는 사실이 국가의 불명예로 여겨지면서 우리 정부는 2005년 뒤늦게라도 '입양의 날'을 제정하면서 본격적으로 해외 입양을 줄이고 대신 국내 입양을 늘리려 했다. 그 결과 해외 입양은 줄었지만, 혈통을 중시하고 장애인을 기피하는 한국인의 정서로 인해 국내 입양은 기대만큼 크게 늘지 않았다.

별다른 대안이 없는 상황에서 해외 입양은 지속되고 있고, 한국은 미국으로 입양된 아동 수에서 중국, 에티오피아, 러시아에 이어 4위를 기록했다. 미국에 입국한 뒤 미국 법원의 입양 허가를 받은 아동 수를 기준으로 하면 1위이다.

2000년대에 들어서 모국을 방문하거나 모국에서 교육 또는 취업 목적으로 거주하려는 해외 입양인들이 증가하게 되었다. 이에 따라 해외 입양인들의 모국 방문, 모국어 연수, 친부모 찾기 등을 지원하는 사후 관리의 필요성이 중대되었다.

정부는 1997년에 재외동포재단을 통해 사후 관리를 시작했다가, 2003년 보건복지부가 '입양 종합대책'을 마련했다. 하지만 정부의 사후 관리는 그 적용 범위와 지원 내용이 제한적이고, 해외 입양인들의 욕구와 거리가 있으며, 이런 서비스가 있다는 것을 모르는 해외 입양인들이 많다는 것이 문제점으로 지적되고 있다. 해서 보다 체계적이고 종합적인 사후 관리 마련이 필요하다.

입양 규모

보건복지부 통계에 따르면 1954년부터 2020년까지 한국에서 해외로 보낸 입양인 수는 총 16만 9,859명에 이른다. 하지만 비공식으로는 누락된 인원까지 포함하면 20만 명에 이를 거라고 추산한다. 1970년~80년대 해외 입양으로 발생한 수익이 연간 4천만 달러에 달한다는 사실에도 주목해 보아야 한다.

최근 10년 동안 해외 입양과 국내 입양의 수는 감소세에 있으며 감소 폭은 해외 입양의 경우 크게 나타난다. 하지만 2020년에도 한국 해외 입양아 수는 콜롬비아·우크라이나 이어 3번째로 많은 게 최저출산 국가로서, 10대 경제 대국으로서 눈여겨보아야 할 대목이다.

한국의 해외 입양을 국가별로 살펴보면 미국이 가장 많은 비중을 차지한다. 한국 해외 입양 초기인 1958년~68년 사이에 전체 해외 입양인 중 미국으로 간 입양인은 89.8%에 달했다. 1969~1975년 사이에는 프랑스, 덴마크, 스웨덴, 노르웨이, 벨기에 등 유럽 국가로 늘어나기 시작하여 미국으로 입양은 전체의 51.8%로 비율이 낮아졌다. 그러나 입양이 현격하게 증가한 시기인 1981~90년 사이 미국으로의 입양이 가장 많이 늘어나 68.8%로 증가했다. 이후 전체 입양 중 미국으로 입양되는 비율은 2000년 74.2%, 2010년 76.5%로 지속적으로 증가하여 대부분은 미국으로 향하고 있음을 알 수 있다.

1991년부터 이탈리아, 스위스, 벨기에 등 다수 유럽 국가로의 입양은 끊기면서 한국 입양인을 받아들이는 나라는 줄기 시작했다. 현재 한국의 입양 아동을 받아들이는 국가는 미국, 프랑스, 덴마크, 스웨덴,

노르웨이, 호주, 캐나다로 국한되어 있다.

입양 특성

해외 입양인들은 많은 나라에 흩어져 살며 적지 않은 수가 자신을 한인으로 동일시하지 않기 때문에 소재 파악을 하는 것은 어렵다. 이런 이유로 해외 입양인을 대상으로 확률표본을 뽑고 엄밀한 통계분석을 한다는 것은 현실적으로 쉽지 않다고 한다.

윤인진 저 '세계의 한인 이주사(2013)' 해외 입양인 편에서 저자가 해외 입양인 자조 단체인 '해외입양인연대'가 협력해서 단체 회원들 767명이 조사에 참여하여 나름 유의미한 조사 결과를 얻은 것을 여기에 옮긴다.

사회인구학적 특성으로 보면, 성별로는 여자가 남자보다 훨씬 많다. 연령대별로는 20대와 30대가 각각 44%를 기록해서 가장 많고, 40대가 12%를 기록했다.

입양된 국가는 미국이 64%로 가장 많고 유럽이 36%를 차지했는데 덴마크, 네덜란드, 스웨덴, 프랑스, 독일, 호주, 노르웨이 등의 순이었다.

사회경제적 지위와 관련 학력 수준을 보면 대학교 졸업이 50%로 가장 많고, 대학원 졸업이 25%를 기록하는 등 학력 수준이 매우 높다. 입양인 부모들의 사회경제적 지위가 높은 것이 입양 아동들로 하여금 고등교육을 받을 수 있는 여건을 마련한 것으로 볼 수 있다. 직업은 전문직 종사자가 28%, 관리직 종사자가 17%, 그다음으로 블루칼라, 학생, 무직/기타의 순이었다.

소득수준은 2만~39,999달러 구간이 28.8%로 가장 많고, 2만 달러 미만과 4만~59,999달러 구간이 다음으로 많았다. 연 6만 달러 이상 버는 사람들은 전체 응답자의 26.8%에 그쳤다.

정체성

해외 입양인 정체성은 한인 정체성과 입양인 정체성의 두 축으로 구성된다고 볼 수 있다. 한인 정체성은 종족 정체성을 바탕으로 한민족으로서의 자긍심, 소속감, 한민족 관련 지식 학습 노력, 한인 단체 참여에 관한 설문 조사 결과 5점 만점에 평균 3.75점을 얻어 대체로 보통 이상의 한인 정체성을 유지하는 것으로 나타났다. 특히 자신이 한민족의 일원이라는 것에 자부심을 크게 느끼는 것으로 나타났다.

2008년 보건복지부 조사에서 "한국 태생에 대해 자부심을 느낀다."라는 진술에 대해 72%가 동의했으며 7%만이 동의하지 않은 것으로 나타났다. 한편 윤인진 저자 조사에서는 "나는 한민족 후손이라는 것이 자랑스럽다."라는 진술에 79%가 동의했으며 6.1%가 동의하지 않은 것으로 나타났다.

또한 2008년 조사에서 "국외 입양인은 한국 문화와 한국어를 알려고 해야 한다."라는 진술에는 62%가 잘 알아야 한다고 응답한 반면, 15%만이 반대라고 응답하였다.

그리고 윤인진 저자 조사에서는 "나는 한민족의 역사, 전통, 관습 등에 대해 알려고 노력한다." 진술에 대하여 65.7%가 동의하였고, 23,4%가 반대하였다.

보건복지부 2008년 조사에서 "나는 해외 입양국 국민으로서 자부심을 느낀다."라는 진술에 70%가 동의하고 15%가 동의하지 않은 것으로 나타났다. 또한 "입양된 국가 국민으로 불리는 것이 자랑스럽다."라는 진술에 95%가 동의하고 2%만이 동의하지 않은 것으로 나타났다.

윤인진 저자 조사에서도 '나는 입양인이라는 것이 자랑스럽다."라는 진술에서 65.5%가 동의한 반면, 15.0%가 동의하지 않은 것으로 나타났다,

해외 입양인이 두 개의 정체성을 갖고 있다면 둘 간의 관계는 양립할 수 있고 또는 상호 배타적일 수도 있다.

해외 입양인의 어려움

해외 입양인들은 자신들이 입양된 사실을 알게 된 후에는 정체성의 혼란, 외모상의 차이로 인한 이질감, 주류사회로부터의 배제 등 다양한 문제들을 경험하는 것으로 알려졌다. 무엇보다도 자신들이 버려졌거나 추방되었다는 느낌을 가질 때 가장 고통스러워하는 것으로 보고된다, 어린 시절에 입양된 경우에는 언어 문제를 겪지 않지만 10세 이후에 입양된 경우에는 언어 문제로 힘들어하고 이것이 가정과 교육 현장에서 적응을 어렵게 만드는 주요 요인이 된다.

외모 차이는 학교 친구들로부터 차별과 왕따의 원인이 된다.

대다수 입양인은 입양국에서 잘 적응하고 있지만, 일부는 자신의 정체성에 대해서 큰 혼란을 가지고 사회생활에 어려움을 겪는 것으로 알려졌다. 이러한 난관을 극복하기 위해 이들은 입양국의 주류사회에 참여하고 동화하려 하지만 주위로부터 인정을 받지 못하는 경우도 적지 않다. 이런 좌절감과 고립감으로 인해 해외 입양인들은 동일한 국

가의 일반 해외 한인들보다 낮은 정신건강 수준을 보이고 심지어는 일반 성인들과 비교해서 높은 자살률과 자살 시도율을 보이는 것으로 알려졌다.

모국과의 단절도 심각해서 절반 이상의 해외 입양인들과 양부모들은 한국의 입양기관들이 제공하는 모국 방문, 모국어 연수, 출생 배경 정보 찾기, 친가족 찾기, 서신교환, 상담과 같은 사후관리서비스에 대해서 잘 모르고 있는 것으로 밝혀졌다.

그들의 정체성 혼란

일반적으로 해외 입양인은 비입양인에 비교해서 낮은 종족 정체성을 갖는 것으로 보고된다. 한국 해외 입양인도 예외가 아니어서 스웨덴의 한 입양인이 수년 전 〈프레시안〉에 올린 기고문에 따르면 그는 자신을 "나는 100% 한국인인 동시에 0% 한국인."이라고 표현했다. 입양된 후 황인종의 몸을 입고 스웨덴의 백인들 틈에서 살면서 스웨덴화되었지만, 결국 자신은 스웨덴인도 한국인도 아니라는 것이다.

필자가 호주에서 몇 년 공부하다가 1990년대 초 석 달간 귀국해 있는 중 방송을 통해 '수잔 브링크'라는 스웨덴으로 간 한인 입양인 관련 다큐를 보았던 기억이 난다. 그 후 최진실 배우가 주연한 '수잔 브링크의 아리랑'이란 영화로도 상영되었다. 그 시기에 동명의 제목으로 책으로도 출간되어 구입해 읽었던 기억이 난다.

한국 영화로는 최초로 스웨덴 현지 촬영한 영화였으며 극장 상영도 어느 정도 성공한 작품으로 당시 청룡영화제에서 각본상을 수상하기도 했다.

1966년, 네 살바기 아이 신유숙(최진실 역)은 남편을 사고로 잃고 생활고를 견디지 못하던 어머니에 의해 스웨덴으로 입양된다. 그곳에서 외국인 양부모를 만난 유숙은 수잔 브링크라는 이름으로 성장한다. 하지만 수잔은 주변 친구와 가족들에게 인종차별과 무시를 당하면서 정체성의 혼란을 겪는다. 불우한 청소년기를 보내던 수잔은 그 고통으로 자살을 시도하기도 한다.

18살이 된 수잔은 집을 나와 홀로 살기로 결심한다. 수잔은 사랑하는 현지인 남자를 만나 임신을 하지만, 이내 그는 수잔의 곁을 떠나버린다. 미혼모가 된 그녀는 자살 기도를 거듭하다가 종교를 통해 삶에 대한 의지를 키워나간다. 그러던 중 1989년 스웨덴 선교사의 도움으로 한국의 MBC-TV 3부작 특집극 「우리는 지금-해외 입양아」편에 자신의 사연을 소개할 기회를 갖는다.

방송이 나간 후 한국에 자신의 어머니가 살아있다는 소식을 듣고 딸과 함께 한국으로 돌아온다. 어머니와 마주한 수잔은 기쁨의 눈물 속에 기나긴 외로움을 끝낸다는 내용이다.

이 영화는 국내외에서 국외 입양 문제에 대한 큰 반향을 일으켰고 그녀도 이를 계기로 기고와 언론 인터뷰를 통해 끊임없이 이 문제에 대한 사회적 각성을 호소했다.

한국이 이제 국제 입양을 중단해야 한다는 그녀의 주장은 2003년 발표한 '아이를 외국으로 보내지 마세요'라는 기고문에 잘 나타나 있다.

이 글에서 신 씨는 "외국으로 입양된 입양아들은 남자든 여자든 우선 외모 때문에 매일 일상적인 고통을 겪고 있다."면서 스웨덴으로 입양된 사람들의 실업률이 50%이고 자살률은 스웨덴 평균의 5배가 넘는다고 지적했다.

신 씨는 "한국이 이제는 더 이상 가난한 나라가 아니기 때문에 한국의 예쁘고 재능 있는 아들, 딸들을 외국으로 보낼 아무런 경제적 이유가 없다."면서 "개인적으로 평생 고통스러운 이방인으로 살게 하고 국가적으로는 큰 손실을 안겨주는 국외 입양을 중단해야 한다."고 촉구했다.

필자가 90년대 중반 프랑스에서 개인 활동하면서 파리에서 2년간 거주할 때 현지 한인교회와 의견을 나누어 스웨덴의 수잔 브링크와 그녀의 딸 엘레노라를 파리로 정식 초빙, 프랑스 내 한국 입양인 청년 10여 명과 함께 2박 3일 한국에서 말하는 콘도에서 머물며 각자의 입양 사연을 소개하고 교제 나누는 일을 주관한 바가 있었다.

이 같은 모임에 함께했던 남녀 한인 입양인들 모두가 한국을 방문하고 싶고, 자신을 낳아준 어머니를 꼭 만나고 싶어 한다고 눈물을 흘리던 모습들이 아직도 선하다.

영화 '수잔 브링크의 아리랑'의 실재 인물인 신유숙 씨가 안타깝게도 암으로 스웨덴에서 사망한 것으로 2009년도 신문 기사에서 볼 수가 있다. 고인의 딸 엘레노라는 당시 엄마와 함께 파리에 왔을 때 취학 전 아동이었는데 이제 40에 가까운 장년이 되었으리라 본다.

사회부적응
한국 출신의 입양 아동들이 입양 직후에 심한 불안, 울화 같은 특징을 보이지만, 비교적 언어의 습득이 빠르고 감정적인 무질서를 보이지 않는 편이라고 한다, 그러나 사춘기에 접어들면서 감정조절과 학업, 그리고 발달 과정 및 사회적 네트워크를 쌓는 데는 비교적 잘 적응하지만 외모에 대한 자괴감을 가지게 된다고 한다.

2022년에 출간된 〈그 여자는 화가 난다〉 제목의 책은 덴마크로 입양된 한국인 마야 리 랑그바드양이 2007~2010년 서울에 거주할 때 쓴 글을 2014년에 덴마크어로 출간된 후 저자의 바람대로 근년에 한국어로 번역 출간된 책에서 한 꼭지 글을 가져와 소개하고자 한다.

여자는 자신이 수입품이었기에 화가 난다.
여자는 자신이 수출품이었기에 화가 난다.
여자는 어린이를 입양 보내는 국가는 물론 입양기관도 국가 간 입양을 통해 돈벌이를 한다는 사실에 화가 난다.
여자는 〈내부의 이방인-국가 간 입양에 관한 보고서〉를 읽은 후, 한국이 국가 간 입양을 통해 연간 1천 5백만 달러를 벌어들인다는 것을 깨닫고 화가 난다.
여자는 입양기관이 아이들을 해외로 보내는 일을 우선적으로 한다는 사실에 화가 난다.
물론 어려움에 처한 아이들을 도와야 하는 것은 당연하다. 하지만 그들이 입양 보낸 아이들을 먼저 찾아 나선다는 사실은 참을 수가 없다.
어려움에 처한 아이들을 돕기 위해서는 아이들을 태생적 문화와 부모에게서 무작정 분리하기보다 그 부모와 가정을 도울 수 있는 일이 무엇인지 먼저 찾아보아야 한다.

여자는 미국 입양기관인 국제적 아동복지회에서 북한을 비롯해 아이들을 모집할 수 있는 새로운 시장을 찾고 있다는 소문에 화가 난다.

이런 국제적 아동복지회는 그간 불가리아, 중국, 에티오피아, 괴테말라, 아이티, 인도, 한국, 필리핀, 루마니아, 태국, 우간다, 우크라이나, 베트남 등지에서 입양할 아이들을 물색했다. 만약 북한 사회가 무너진다면 북한도 여기에 포함될 것이다. 이 국제적 아동복지회가 북한 사회의 붕괴를 바라는 것은 그리 놀랄 일이 아니다. 그들은 북한을 거대하고 새로운 시장의 하나로 생각하니까.

여자는 오늘날 아이들을 위해 부모를 찾아주는 일보다 부모들을 위해 아이를 찾아주는 일이 더 우선된다는 사실에 화가 난다.

바로 그 때문에 소위 '어린이 수집가'라는 말도 생겨나지 않았던가. 입양을 원하는 부모들이 입양을 보내려는 부모들보다 훨씬 많지 않더라면 입양기관이 어려운 환경에 있는 부모들에게 아이를 달라고 설득하기 위해 큰돈을 쓸 필요가 없었을 것이다.

여자는 입양 보내기를 원하는 부모보다 입양을 받아들이기를 원하는 부모들이 더 많다는 사실에 화가 난다.

본 필자가 국제적 아동복지회에 관련된 글을 책을 통해 보고선 생각나는 게 있다. 1980년대 후반 사촌 형이 사고로 세상을 뜬 후 형수께서 집안 경제를 끌고 가기 위해 했던 일이 해외 입양 예정 아동을 아동복지회로부터 가정에서 위탁받아 키워주고 돌보는 일이었다. 형수께서는 장애 아동을 맡아 키워주면 복지회에서 수고료를 더 준다고 해서 장애 아동을 키워주고 있었다. 당시 형수님 말로는 미국 가정으로 입양이 예정된 아동이라고 했다, 그 후로도 형수님은 이 같은 아동들을 가정에서 대신 키우면서 생활에 필요한 수입원으로 일을 하였다.

해외 한인 입양인 - '원초적 상처' 논쟁

"조그만 아이가 뭘 알겠어?"

심리학자들은 태어나서 만 3세까지 정서 발달에 가장 중요한 때라고 이야기하곤 한다. 근년엔 태아 심리학에 대한 이해가 깊어지면서, 자궁 환경이 아이의 건강에 중요한 역할을 한다는 것을 알게 되었다. 그러나 입양 문제로 들어서면 갑자기 무지해진다. 한 아이의 인생에서 출생 당시 그리고 이후 며칠, 몇 주, 몇 년간, 친생모와 결별하고 낯선 이들에게 건네지는 순간에 아기가 그 경험에 심오한 영향을 받는다는 사실을 인지하려 들지 않는다.

입양가정에서 입양 자녀, 특히 신생아의 원초적 상처를 이해하고 받아들이기란 무척 어려운 일이다. 그것은 견딜 수 없을 정도로 가슴 아픈 일이며 실제로 많은 어머니가 이를 생각하려고도 하지 않는다. 웃음 지으며 행복하게 아장아장 걷는 아기의 내면이 친생모와 결별이 초래한 상처와 아픔으로 고통받고 있다는 것을 믿기 힘들 것이다. 하지만 기민하게 진정으로 아이에게 주의를 기울인다면, 아이의 슬픔, 고통, 그리고 다시 버림받을지도 모른다는 두려움을 알아차릴 수 있다. 어머니가 사랑을 베풀 수 있도록 아이가 마음의 문을 열 수 있으려면, 또 아이가 어머니에게 사랑으로 보답할 수 있으려면 이 새로운 가족의 삶이 핸디캡을 갖고 시작한다는 것을 받아들여야 한다.

입양은 아이에게 일어났던 실제 경험, 다시 말해 짧지만 대단히 중요한 출생 직후의 역사로, 지금까지 부모와 전문가들이 가족의 생활에서 일어나는 일과는 아무런 관계가 없다고 무시해왔던 사건이다.*

입양을 둘러싼 논쟁에서 자주 언급되는 개념이 '원초적 상처(Primal Wound)' 이론이다. 이는 태아와 생모 사이에는 자궁 속부터 유대가 형성된다는 전제에서 출발한다. 따라서 아이가 생모와 분리될 경우, 그 경험이 지울 수 없는 상실감과 상처로 각인된다는 주장이다.

이 이론의 창시자인 낸시 뉴턴 베리어는 입양아의 상처는 "완전히 치유될 수 없으며, 다만 완화될 수 있을 뿐"이라고 단언한다. 입양 부모가 아무리 따뜻한 환경을 제공해도 그 근원적 상실은 남으며, 입양 부모-자녀 관계는 깨진 접시처럼 항상 어긋난다는 것이다. 한국의 권희정 전 한국미혼모지원네트워크 사무국장 역시 "열 달의 역사적 유대가 단절된 상처는 어떤 사랑으로도 보상될 수 없다."고 말한다.

이 이론에 따르면 입양아의 상처는 성장 과정에서 '거짓 자기'로 표출된다. 일부는 분노와 비행으로, 일부는 겉보기에 순응적이고 모범적인 모습으로 나타난다. 전자는 버려짐에 대한 분노가 비행이나 파괴적 행동으로 드러나는 경우이며, 후자는 또다시 버려지지 않기 위해 스스로를 억누르고 완벽한 아이처럼 행동하는 경우다. 입양아가 겉보기에 잘 적응하는 것처럼 보여도 내면은 상처로 가득 차 있다는 해석이다.

---

* '원초적 상처'(낸시 뉴턴 베리어 저)에서. 책의 저자는 93년 미 입양평등권협의회에서 '올해의 책' 상을 받았으며, 2003년 미국입양의회에서 수여하는 〈애마 빌라디 인도주의〉 상을 받음

실제 입양인 셰리 엘드리지는 자신이 입양모를 공격하고 성인이 된 뒤에도 분노가 폭발했으며, 성적 문란과 도벽 등 문제 행동의 뿌리에는 '버려짐의 상처'가 있었다고 고백했다. 그러나 반대로 문제없이 성장해 보이는 입양아에 대해서도 원초적 상처 이론가들은 "거짓 자기"로 설명한다.

이러한 관점은 입양 자체를 아동학대와 동일시하는 극단적 결론으로 이어지기도 한다. 예컨대 원초적 상처를 번역 출간한 김도현 '뿌리의집' 대표는 입양을 "아동의 강제 이주이자 학대"라고 주장했다.

하지만 이런 이론이 모든 입양인을 일률적으로 '상처 입은 존재'로 규정하는 것은 심각한 편견을 낳을 수 있다. 실제로 건강하게 성장해 입양 부모와 안정적 관계를 맺는 사례도 많기 때문이다. 그럼에도 원초적 상처론이 힘을 얻는 이유는, 입양인의 내면에 자리 잡은 보은 심리나 정체성 혼란이 종종 드러나기 때문이다.

결국 원초적 상처 이론은 입양의 복잡한 현실과 모순을 드러내는 중요한 문제 제기다. 그러나 이를 보편적 진리로 받아들이는 순간, 입양 아동은 태생적으로 상처 입은 존재라는 낙인을 피할 수 없게 된다. 해외 한인 입양인을 둘러싼 논쟁은 여전히 이 두 지점 사이에서 갑론을박으로 이어지고 있다.

사후관리서비스의 미흡

한국을 방문하는 해외 입양인의 규모는 꾸준하게 증가하고 있다. 2000년에는 2,548명이었던 것이 2005년에는 3,366명으로 증가했다.

이런 추세라면 매년 4천 명 정도가 한국을 방문하리라 예상한다. 해외 입양인의 한국 방문이 늘면서 이들이 방문목적을 달성하거나 방문 시 편의를 제공하기 위한 사후관리서비스의 중요성이 커졌다.

한국을 방문한 해외 입양인들이 언어, 재정, 취업, 체류 기간의 문제를 해소해 주는 제도적인 지원이나 도움의 부재로 인한 어려움을 겪는다고 한다. 또한 해외 입양인이라는 이유만으로 멸시와 천대를 받기도 하고 인권 단체나 종교기관들이 정치적인 목적으로 해외 입양인을 이용하는 경우도 있다고 한다.

해외 입양인 중에는 모국에서 일시적으로 연수하거나 생모를 찾으려는 욕구 외에도 교육과 취업 같은 장기간 거주를 요하는 욕구를 깆는 사람들이 증가하고 있다고 한다,

필자가 십수 년 전 영어학원에서 근무할 시, 미국에서 온 원어민 강사와 1년을 함께 일한 적이 있다. 그는 한국인 입양인이었다. 지금은 그의 이름마저 잊었지만, 아버지는 한국에서 미군으로 근무 중 어머니를 만나 흑인 모습에 가까운 혼혈로 자신이 태어났으며 서너 살 무렵 미국 가정에 입양이 되어 태평양을 건너는 비행기를 탔다고 했다. 미국에서 나름 저명한 대학에서 석사 과정까지 마쳤고 양부모로부터 물려받을 재산도 어느 정도 된다고 내게 말해 주었다. 그는 내게 도움을 청하는 게 있다며, 자신을 낳아준 어머니를 찾도록 중간중간 길 안내를 부탁해 왔다. 그러고선 여러 우여곡절 끝에 공영방송 아침 프로에까지 나가게 되고 자신의 어머니와 한국 친척을 찾고 있으니 연락이 오도록 영상을 통해 부탁하였다. 그런 후 그가 다른 영어 교육기관으로 옮겨간 후 얼마 뒤에 내게 전화 오기를 어머니를 드디어 만나게 되

었다고 기뻐하였다. 나 또한 진심으로 축하한다는 화답을 해주었다.

연어가 회귀하듯 해외 입양인들이 이제 성인이 되어 한국을 방문하거나 한국에서 정착을 시도하고 있다, 어린 나이에 자신의 의사와 상관없이 해외 입양을 가야 했던 이들이 자신의 뿌리를 찾아 모국을 방문하려 할 때 우리는 인도적 차원에서 아니 민족적 차원에서도 적극 지원해야 할 것이다, 아울러 이들 중 상당수는 고등교육을 받고 전문직에 종사하고 있기 때문에 한국의 국제화에 기여할 글로벌 인재이기도 하다. 따라서 해외 입양인과 모국 간에 호혜적인 발전을 위해 정부는 보다 적극적이고, 포용적인 정책을 펼칠 필요가 있다.

이런 경우도 있다

입양인 아담 크랩서(한국명 신송혁) 씨는 2019년 1월 대한민국 정부와 자신을 입양 보낸 입양기관을 상대로 소송을 제기했다. 해외 입양인이 한국의 입양 시스템에 문제를 제기하며 소송을 제기한 것은 1953년 국제 입양이 시작된 이래 최초의 일이었다.

본 소송은 2023년 서울중앙지법 민사합의18부는 신송혁(48·아담 크랩서)씨가 국가와 홀트를 상대로 낸 손해배상 소송에서 홀트가 미성년자인 국외 입양인들의 보호 역할을 소홀히 했다며 1억 원을 배상하라고 원고 일부승소 판결했다.

국가의 관리·감독 의무 불이행은 인정하지 않았다. 신 씨는 미국 양부모에게 입양됐지만 두 차례 파양되는 등 우여곡절 끝에 시민권을 얻지 못했고, 결국 2016년 자녀들이 미국에 있는데도 한국으로 추방됐다.

양부모의 비협조와 방기로 인해 국적 취득이 불가능해진 해외 입양인들이 현재 미국 내에서만 4만 3천여 명이 시민권 없이 외국인 신분으로 살아가고 있다.

재판부가 홀트의 책임을 인정한 근거는 '국적 취득 확인 및 보고의무 위반'과 '후견인으로서 보호 의무 위반'이다. 국외 입양 알선기관인 홀트가 '신 씨의 시민권 취득 절차가 필요하다.'는 사실을 신 씨 양부모에게 알리고 출국 후 국적을 제대로 취득했는지 확인할 후견 직무를 수행하지 않았다는 게 재판부의 판단이었다.

하지만 2025년 초 서울고법은 홀트아동복지회 책임 인정한 1심 판결 뒤집고 '손해배상권 시효로 소멸'이라며 홀트 패소 부분 취소하였다.
40여 년 전 고아 호적으로 미국에 입양됐다가 시민권을 취득하지 못해 추방된 입양인에게 입양기관이 1억 원을 배상하라는 판결이 항소심에서 뒤집혔다.
서울고법 민사3-2부는 아담 크랩서(한국명 신송혁)가 정부와 홀트아동복지회를 상대로 제기한 손해배상 소송의 항소심에서 홀트의 1억원 배상 책임을 인정한 원심판결을 취소하고, 신 씨의 정부와 홀트를 상대로 한 청구를 모두 기각했다. 정부와 입양기관의 책임 모두 인정하지 않은 셈이다.

아담 크랩서의 소송을 대리하고 있는 민변이 아담의 입양 사례에서 법적으로 문제를 삼고 있는 지점은 크게 네 가지이다.

1. 입양기관은 입양 아동의 국적 취득을 사후 확인할 법적 의무를 방기했다.

아담이 미국으로 가서 정신적 학대와 두 번의 파양에 이르렀는데도 한국 정부와 입양기관은 입양 아동에 대한 사후 관리를 전혀 하지 않았다. "피고는 보다 근본적으로 원고가 미국 시민권을 취득했는지 확인하고 취득하지 못했다면 국적 취득을 위해 조치할 법적 의무도 전혀 이행하지 않았다."라고 밝혔다. 입양기관이 입양특례법 등을 통해 강제하고 있는 법적 의무를 저버렸다는 지적이다.

2. 입양기관은 '친모'의 존재를 알면서도 '고아 호적'을 만들어 입양 보냈다.

민변은 "입양 절차를 간소화하고 고아를 선호하는 입양 부모들에 맞추어 쉽게 미국으로 입양 보내기 위해 만연했던 관행으로, 당시 형법 및 입양 관련법을 위반하는 행위"라고 강조했다.

3. 대한민국의 입양 관련법 자체가 위헌, 위법한 제도

민변은 "국가는 위와 같은 입양기관의 위법행위에 대해 어떠한 관리, 감독도 하지 않았다."라고 문제를 제기했다. 또한 "대한민국은 입양기관의 위법한 입양에 조력함으로써 입양기관과 함께 원고를 비롯한 국제 입양 아동들을 아동학대 등 위험에 방치했다."라고 말했다.

4. 과도한 입양 수수료, 무리한 입양 추진의 원인

민변은 "1958년부터 2012년까지 미국으로 입양된 입양인 수는 11만 1,148명으로 추정된다. 위법한 수단까지 동원하여 무리하게 국제 입양을 추진한 원인 중 하나로 한 아이당 상당한 수준의 입양 수수료 (2009년까지 1인당 국민소득을 웃도는 수준)가 입양 알선기관에 지급된 점이 지적됐다. 이런 배경에서 한국의 국제입양제도가 산업화되었

다는 비판이 국내와 학계와 언론에 의해 제기되었다."라고 언급했다.

필자의 생각으로는 어린 시절 오로지 타의로 인해 모국을 떠나야만 했던 해외 입양인 당사자에 한해서는 한국 국적을 취득하도록 하는 특별법을 제정하여 즉, 이중국적을 가지고 입양국에서든 모국에서든 자유로이 살 수 있도록 한국 정부가 선제적으로 나서 해주었으면 한다. 그렇게 함으로써 대한민국 정부가 '세계 1위 아동 수출국' 오명을 벗기 위해 성찰과 책임을 다하는 모습을 보이는 한 방안일 것이다.

어려움 속에서도 우뚝 일어선 해외 입양인

한인 입양인 프랑스 장관이 되다 – 꽃처럼 피어난 이름, 플뢰르 펠르랭

1973년 서울에서 태어난 한 아이가 있었다. 생후 6개월 만에 프랑스로 입양된 이 아이는, 자라서 프랑스의 장관이 되었다.

그의 이름은 플뢰르 펠르랭(Fleur Pellerin), 한국 이름은 김종숙. 그는 유럽 주요국에서 입양아 출신으로 장관 자리에 오른 첫 번째 한국계 인물로 기록되었다.

2012년 5월, 프랑수아 올랑드 정부가 출범하며 펠르랭은 중소기업·혁신·디지털경제 담당 장관으로 임명됐다. 프랑스 사회 내 반이민 정서와 민족주의 기류가 고조되는 시점에서, 그녀의 입각은 다양성과 포용의 가치를 상징하는 사건으로 받아들여졌다. 언론은 그녀를 "프랑스 문화 다양성의 새로운 얼굴"이라 불렀다.

하지만 정작 본인은 이런 '상징성'에 지나치게 기대는 시선을 경계

했다. 그녀는 스스로를 아시아인이라 규정하기를 꺼려했고, 여성·청년·입양인 등 자신을 둘러싼 정체성의 꼬리표에 거리감을 두었다.

그러면서도 "이런 점들이 올랑드 내각에 들어갈 수 있었던 하나의 조건이었다는 사실은 부인하지 않는다."고 덧붙였다.

한편 그녀는 "1970년대 입양아들을 바라보는 프랑스 사회의 무의식 속엔 일종의 죄책감이 남아있는 듯하다"며, 최근 들어 많은 이들이 입양아들의 성장 과정을 궁금해하고 다시 관계 맺기를 시도하고 있다고 말한 바 있다.

펠르랭의 어린 시절은, 삶의 출발점만큼은 결코 순탄하지 않았다. 그러나 그녀가 만난 양부모는 삶의 방향을 바꾸어주었다.

원자물리학을 공부한 과학자이자 사업가였던 양부와, 따뜻한 손길로 보살펴준 주부 양모는 그녀에게 '플뢰르'(꽃)라는 이름을 주었고, 한국 이름인 '종숙'도 지워버리지 않았다. 정치적 성향 또한 부모의 영향을 받았다.

그녀는 자신의 블로그에서 "매우 좌파적인 분들이었다."고 소개하며, 부모의 철학이 자신의 가치관 형성에 깊이 스며들었음을 인정했다.

명석했던 그녀는 16살이라는 이른 나이에 대학 입학 자격시험에 합격했다. 이후 파리정치대학, 고등경영대학원, 국립행정학교(ENA) 등 프랑스 최고의 교육기관을 거쳤다. 프랑스 언론은 그녀의 이력을 두고 '눈부신 학력'이라 평가했다.

26세부터는 감사원에서 교육·문화·커뮤니케이션 분야를 담당하며 공직 생활을 시작했다. 정치와의 인연은 2002년 리오넬 조스팽 전 총리의 연설문을 쓰며 시작되었다. 이후 사회당 대선후보였던 세골렌

루아얄 캠프에서 미디어 담당으로 일했고, 여성 엘리트 정치인들의 네트워크인 '21세기 클럽' 회장을 맡으며 정치적 존재감을 키워갔다. 2011년부터는 올랑드 대선 캠프의 정책 담당자로 참여했고, 올랑드의 당선 이후 자연스럽게 장관 후보로 떠올랐다.

공직자로서의 삶 외에도, 그녀는 인간적인 취향과 일상을 즐길 줄 아는 사람이다. 그림 그리기, 요리, 피아노 연주를 즐기며, 가끔은 노래반주기에 맞춰 노래 부르는 것도 좋아한다. 현재 남편은 공무원이며, 첫 결혼에서 낳은 딸 베레니스와 함께 살고 있다.

입각 직전 한 인터뷰에서 그녀는 "내가 가장 걱정하는 건 여덟 살 초록잎(딸)의 내일"이라고 말했다. 공직자의 사명감 속에서도, 한 아이의 엄마로서 품고 있는 걱정과 사랑이 고스란히 드러나는 대목이다.

플뢰르 펠르랭의 삶은 단순한 입양인의 성공 스토리를 넘어, 정체성과 다양성, 그리고 프랑스 사회의 변화상을 응축한 하나의 상징이 되었다.

참고문헌

- 조선족 사회 발전 연구/ 민족화해협력범국민협의회 조선족사업단/ 2001
- 조선족 문화를 찾아서/ 김위원/ 역사공간/ 2008
- 재한 중국인을 통해 본 한국적 다문화주의 전개/ 김일권/ 박문사/ 2016
- 고려인 인구 이동과 경제 환경 / 남혜경/ 집문당/ 2005
- 카레이스키: 고려인 러시아 이주 150년 한반도 한민족 통사/ 이창주/ 선인/ 2014
- 유라시아 고려인 150년:디아스포라 아픈 역사/ 김호준/ 주류성/ 2013
- 나는 고려사람이다/ 김 게르만/ 국학자료원/ 2013
- 재일 조선인 역사, 그 너머의 역사/ 미즈노 나오미. 문경수(한승동 옮김)/ 삼천리/ 2016
- 역사의 증인 재일 조선인/ 서경석 / 반비/ 2012
- 재일 한인 디아스포라/ 지충남/ 마인드 탭/ 2016
- 일본의 아시아태평양 전쟁과 조선인 강제 동원/ 정혜경/ 동북아역사재단/ 2019
- 도쿄 조선대학교 이야기/ 양영희(인예니 옮김)/ 마음산책/ 2023
- 하와이의 한인들 / 로버타 장, 웨인 페터슨 (이주영 옮김, 정병준 감수)/ 눈빛/ 2008
- 사진 신부 이야기/ 노선희/ 북 코리아/ 2023
- 한국 근대사 산책 제3권/ 강준만 / 인물과 사상사/ 2007
- 하와이 한인사회의 성장사(1903~1940)/ 이선주, 로버타 장/ 이화여자대학교 출판부/ 2014
- 멕시코 이민 100년의 회상/ 인천광역시 역사자료관 역사문화연구소/ 2005
- 쿠바 한인 이민 100년사/ 외교부 기획/ 휴먼컬처아리랑/ 2022
- 큐바 이민사/ 임천택/ 태평양주보사/ 1954
- 파독 간호 평가사업 최종 보고서/ 국회의원 이애주 펴냄/ 이애주 의원실/ 2017
- 독일로 간 광부 간호사/ 노명환.윤용선.정흥모.유진영.나애심/ 대한민국역사박물관 / 2014
- 아이들 파는 나라/ 전홍기혜. 이경은. 제인 정 트렌카/ 오월의 봄/ 2019
- 세계의 한인 이주사/ 윤인진/ 대한민국 역사박물관/ 나남/ 2013
- 커밍 홈/ 케이티 로빈슨 (최세희 옮김)/ 중심/ 2002
- 한국 해외 입양/ 캐슬린 자숙 버쿼스트. M.엘리자베스 봉크.김동수.마빈 D.화일, 엮

음/ 뿌리의 집/ 2015

- 그 여자는 화가난다/ 마야 리 랑그라드 (손화수 옮김)/ ㈜난다/ 2022
- 원초적 상처/ 낸시 뉴턴 베리어 (뿌리의 잡 옮김)/ 뿌리의 집/ 2013

참고자료

- KBS 스페셜 다큐멘터리 '잊혀진 섬의 조선인들'/ 2006
- MBC 뉴스데스크, '티니안에 남겨진 조선인 후손'/ 1999.11.12
- 아름다운 섬이 지닌 가슴 아픈 역사. '강제징용 한국인 후손들이 사는 섬, 티니안'
- 세계테마기행. 골라듄다큐/ 2017
- 대한민국 최초 해외 인력수출! 가난을 벗어나기 위해 기회의 땅 독일로 떠난 광부와 간호사들, 그들의 50년을 이야기하다 1부, 2./ KBS 2013년 5월 방송
- 파독 근로자/ 나무위키/ 2025. 6. 11.

코리안 디아스포라

초판1쇄 / 2025년 9월 20일

지은이 / 강태욱

발행인 / 강태욱

발행처 / 평화누리협동조합
　　　　주소 인천 부평구 부흥로 304번길 27
　　　　전화 032-751-5466 팩스 032-866-7044
　　　　이메일 jamgang@naver.com
　　　　홈페이지 www.peacenuri.kr

ISBN 979-11-991595-2-5 (03910)